W0326065

Konfuzius
Der Weg der Wahrhaftigkeit

Konfuzius

Der Weg der Wahrhaftigkeit

Übersetzt von
Richard Wilhelm

Herausgegeben von
Waltraud John

ANACONDA

Die Texte dieses Bandes folgen der Ausgabe Konfuzius (Kungfutse): *Gespräche (Lun Yü)*. Aus dem Chinesischen übersetzt und erläutert von Richard Wilhelm. 2. Auflage. Jena: Diederichs 1914.

Die Deutsche Nationalbibliothek verzeichnet diese Publikation in der Deutschen Nationalbibliographie; detaillierte bibliographische Daten sind im Internet unter http://dnb.d-nb.de abrufbar.

© 2008 Anaconda Verlag GmbH, Köln
Alle Rechte vorbehalten.
Umschlaggestaltung: Sabine Reimer, London
Layout: Druckfrei. Dagmar Herrmann, Köln
Satz: GEM mbH, Ratingen
Printed in Czech Republic 2008
ISBN 978-3-86647-199-3
info@anaconda-verlag.de

INHALT

VORWORT

Kung Fu Tse oder Kung Fu Dsï (»Meister aus dem Geschlechte Kung«) oder auch Kung Tjiu genannt, bei uns in der latinisierten Form als Konfuzius bekannt, lebte von 551–479 v. Chr. im heutigen China.

Er stammte aus einem verarmten Adelsgeschlecht, verlor bereits im Alter von drei Jahren seinen Vater und wuchs in ärmlichen Verhältnissen auf. Von seinem 15. Lebensjahr an erlernte Konfuzius in Adelsschulen die »sechs Künste« (Tanz, Musik, Bogenschießen, Wagenlenken, Schreiben und Rechnen). Lernbegierig eignete er sich das Wissen seiner Zeit an, wobei sein besonderes Interesse dem Altertum galt: den alten Riten und den heiligen Bräuchen der Vergangenheit, die in mündlicher und schriftlicher Überlieferung vorlagen.

Seine intensive Beschäftigung mit den Zeugnissen des Altertums ließ in ihm die Überzeugung reifen, daß die Vorzeit, das sogenannte »Goldene Zeitalter« des dritten vorchristlichen Jahrtausends, in dem die drei sagenhaften und weisen Herrscher Yau, Schun und Yü die chinesische Kultur schufen und die Geschicke des Landes zum Wohle aller lenkten, eine bessere Welt gewesen sei, deren Wiederherstellung (der geistigen Haltung) das erstrebenswerte Ziel des Lebens sein müsse.

Konfuzius erwarb sich bald den Ruf großer Gelehrsamkeit, und es kamen Schüler von weit her, um von ihm unterrichtet zu werden, und er unterwies sie in den Riten, in den Prinzipien der Moral und lehrte sie die Geschichte des Altertums und deren Ideale. Das war etwas absolut Neues im damaligen China. Es gab wohl königliche Schulen zur Heranbildung der fürstlichen und adligen Söhne, aber eine private Vereinigung von Lernwilligen um einen Lehrer hat es vor Konfuzius nicht gegeben.

Allerdings wollte Konfuzius keine Philosophenschule gründen, sondern das Erbe der Vergangenheit mit dessen Idealen in die Lebenswirklichkeit seiner Zeit transponieren, und er hoffte darauf, als Ratgeber eines Herrschers tätig werden zu können, um so auch die Politik auf eine ethische Grundlage zu stellen; allerdings blieb ihm dieser Wunsch versagt. So unterrichtete er weiterhin seine Schüler, die in immer größerer Zahl durch seinen Namen angezogen wurden, und vervollkommnete seine Kenntnisse über das Altertum.

Nach politischen Verwicklungen folgte Konfuzius seinem Fürsten 516 v. Chr. in die Verbannung nach Tsi. Auch hier kümmerte er sich weiterhin um die Aufarbeitung alter Urkunden und Zeugnisse der Tradition. Nach dem Tod des verbannten Fürsten im Jahre 509 v. Chr. kehrte Konfuzius in den Staat Lu zurück, um aufgrund seines Rufes als »Edler« (djün-dse) ab 501 v. Chr. zunächst Stadtgouverneur von Dschung-du, schließlich sogar ab 498 v. Chr. Justizminister des Landes zu werden. In diesem Amt konnte er nun endlich seine Vorstellungen von einem nach den alten Ordnungen ausgerichteten gerechten Leben auch politisch erfolgreich verwirklichen. Intrigen veranlaßten Konfuzius allerdings, das Land zu verlassen, und es begann ein von einigen Schülern begleitetes dreizehn Jahre währendes Wanderleben (497–483 v. Chr.), das ihn in die verschiedenen Staaten des damaligen China führte. Sein hohes Ansehen, das er als Gelehrter und Weiser genoß, erlaubte ihm in dieser Zeit der Wanderschaft zwar auch das Zusammentreffen mit Landesfürsten, allerdings war keiner darunter, der ihn als Berater anstellen wollte.

Im Jahre 483 v. Chr. gestatteten die politischen Verhältnisse Konfuzius eine Rückkehr in seine Heimat Lu, wo er die letzten Jahre seines Lebens verbrachte. In der ihm noch verbleibenden Zeit widmete er sich der Neuordnung und der Kommentierung der alten Überlieferungen, zu denen neben dem Buch der »Urkunden« auch das Buch der »Lieder«, das Buch der »Wandlungen« und die »Annalen des Staates Lu« gehören. Diese Schriften bilden heute die Grundlage unseres Wissens über die chinesische Urzeit.

Konfuzius starb im Alter von 72 Jahren und hat vermutlich nie eigene Werke verfaßt.

Konfuzius lebte in einer Zeit des Umbruchs und der Unruhen, in der sich das alte chinesische Feudalreich in Einzelstaaten auflöste und die Glaubwürdigkeit des darauf bezogenen mythologisch-religiösen Wertesystems in Frage gestellt wurde. Korruption, Betrug und damit der Verfall der Sitten zeichneten diese Epoche aus, und Konfuzius wollte diese Zustände ändern. Er glaubte, durch die Rückwendung zu den alten Traditionen könne der Mensch wieder auf den wahren und guten Weg zurückgebracht werden.

Ziel seiner Lehre war es, diesen Weg aufzuzeigen, der zu einem besseren Leben der Menschen miteinander führt. Die Fragestellung lautete: Was kann getan werden, damit das Zusammenleben der Menschen so gestaltet wird, daß es den großen Gesetzen der Weltordnung entspricht und dadurch zum Glück der Gesamtheit führt? Um zwei Themen dreht sich dabei alles: die Kultur der Persönlichkeit und die Gesetze des sozialen Lebens.[1]

Die Lehre des Konfuzius besteht aus einer Sammlung von Verhaltensgrundsätzen und moralischen

[1] Konfuzius, »Gespräche (Lun Yü)«. Aus dem Chinesischen übersetzt und erläutert von Richard Wilhelm. Köln: Anaconda 2007, S. 49.

Vorschriften, wobei die »Sittlichkeit« und das Gebot von »Maß und Mitte«, also die Ablehnung von Extremen und Einseitigkeiten, den Kern der konfuzianischen Lehre darstellen. »Um die Welt in Ordnung zu bringen, dazu braucht es durchgebildeter Persönlichkeiten an der maßgebenden Stelle. Nur der vornehme Charakter (im Text mit ›der Edle‹ übersetzt) kann Menschen beherrschen«[2] und zum Guten anleiten und sie somit auf eine höhere sittliche Stufe heben. Wobei »der Edle« dies nicht durch Gesetze, sondern durch sein eigenes gutes Beispiel erzielt, weil der Grundzug seines Charakters die Gewissenhaftigkeit (dschung) ist, ein Begriff, den man mit dem kantschen Begriff der autonomen Sittlichkeit gleichsetzen kann.[3] Sein Verhalten ist gekennzeichnet durch Höflichkeit im Umgang, Ehrerbietung gegenüber den Eltern und der Obrigkeit sowie Fürsorge für das Volk. Er ist gerecht und sorgt sich nur um die Wahrheit, nicht um sich selbst. Zu einem »Edlen« kann theoretisch jeder werden, der bereit ist, durch beständiges »Lernen« – u. a. dem Studium des Altertums mit seinen Idealen und Traditionen – seine Persönlichkeit zu vervollkommnen.

Die »Gespräche«, chin. »Lun Yü«, des Konfuzius, stellen die wichtigste und zuverlässigste Quelle zu

[2] Ebd.
[3] Ebd., S. 50.

Leben und Lehre des chinesischen Philosophen dar. Aufgezeichnet wurden diese Texte erstmals nach dem Tod des Lehrers in der Mitte des 4. Jahrhunderts v. Chr., und zwar von den Schülern seiner Schüler. In späteren Zeiten wurde diese Textsammlung mehrfach erweitert, so daß die Authentizität nicht in jedem einzelnen Fall gewährleistet ist.

Die im vorliegenden Buch versammelten Texte des Konfuzius sind dem Band »Konfuzius (Kungfutse): Gespräche (Lun Yü)« entnommen, der von Richard Wilhelm in zweiter Auflage im Jahre 1914 in Jena herausgegeben wurde und als Neuauflage im Anaconda Verlag (2007) erhältlich ist. Der deutsche Sinologe Richard Wilhelm hatte die »Gespräche« des chinesischen Philosophen Anfang des 20. Jahrhunderts aus dem chinesischen Original neu übersetzt, ausführlich kommentiert und seinen Band mit einer profunden Einleitung versehen, die den chinesischen Denker in den Kontext seiner Zeit stellt und dem Leser viele Informationen bietet.

Die »Gespräche (Lun Yü)« umfassen insgesamt zwanzig Bücher mit rund 500 Aussprüchen, Anekdoten und Gesprächen zwischen Schüler und Lehrer. Im vorliegenden Band sind die einzelnen Bücher mit römischen Zahlen gekennzeichnet und die jeweiligen Abschnitte mit arabischen Ziffern.

DER WEG DER WAHRHAFTIGKEIT

Dsi Gung fragte und sprach: »Gibt es ein Wort, nach dem man das ganze Leben hindurch handeln kann?« Der Meister sprach: »Die Nächstenliebe. Was du selbst nicht wünschest, tu nicht an andern.«
XV, 23

Der Meister sprach: »Maß und Mitte sind der Höhepunkt menschlicher Naturanlage. Aber unter dem Volk sind sie seit lange selten.« VI, 27

Der Meister sprach: »Mache Treu und Glauben zur Hauptsache, habe keinen Freund, der dir nicht gleich ist. Hast du Fehler, scheue dich nicht, sie zu verbessern.« IX, 24

Der Meister sprach: »Einen Fehler machen und sich nicht erst bessern: das heißt fehlen.« XV, 29

Fan Tschï wandelte (mit dem Meister) unter dem Regenaltar; er sprach: »Darf ich fragen, wie man sein Wesen erhöhen, seine geheimen Fehler bessern und Unklarheiten unterscheiden kann?« Der Meister sprach: »Das ist eine gute Frage! Erst die Arbeit, dann der Genuß: wird dadurch nicht das Wesen erhöht? Seine eignen Sünden bekämpfen und nicht die Sünden der andern bekämpfen: werden nicht dadurch die geheimen Fehler gebessert? Um des Zorns eines Morgens willen seine eigne Person vergessen und seine Angehörigen in Verwicklungen bringen: ist das nicht Unklarheit?« XII, 21

Der Meister sprach: »Der Mensch lebt durch Geradheit. Ohne sie lebt er von glücklichen Zufällen und Ausweichen.« VI, 17

Meister Dsong sprach: »Ich prüfe täglich dreifach mein Selbst: Ob ich, für andere sinnend, es etwa nicht aus innerstem Herzen getan; ob ich, mit Freunden verkehrend, etwa meinem Worte nicht treu war; ob ich meine Lehren etwa nicht geübt habe.« I, 4

Meister Yu sprach: »Abmachungen müssen sich an die Gerechtigkeit halten, dann kann man sein Versprechen erfüllen. Ehrenbezeugungen müssen sich nach den Regeln richten, dann bleibt Schande und

Beschämung fern. Beim Anschluß an andre werfe man seine Zuneigung nicht weg, so kann man verbunden bleiben. I, 13

Der Meister sprach: »Ein willensstarker Mann von sittlichen Grundsätzen strebt nicht nach Leben auf Kosten seiner Sittlichkeit. Ja, es gab solche, die ihren Leib in den Tod gaben, um ihre Sittlichkeit zu vollenden.« XV, 8

Von Gi, dem »Weisen«, hieß es, daß er alles erst dreimal überlege, ehe er sich zum Handeln entschließe. Der Meister hörte davon und sprach: »Wenn er auch nur zweimal sich die Sachen überlegt, so ist es schon gut.« V, 19

Der Meister sprach: »Weisheit macht frei von Zweifeln, Sittlichkeit macht frei von Leid, Entschlossenheit macht frei von Furcht.« IX, 28

Der Meister sprach: »Ein Mensch ohne Menschenliebe, was hilft dem die Form? Ein Mensch ohne Menschenliebe, was hilft dem die Musik?« III, 3

Der Meister sprach: »Im Äußeren streng und innerlich schwach, (so einen kann man) vergleichen mit den niedrigen Menschen. Ist er nicht wie ein Dieb, der (durch die Wand) gräbt oder einsteigt?« XVII, 12

Der Meister sprach: (1.) »Aufrichtig und wahrhaft, bis zum Tode treu dem rechten Weg: (2.) ein gefährdetes Land nicht betreten, in einem aufständischen Land nicht bleiben: wenn auf Erden Ordnung herrscht, dann sichtbar werden, wenn Unordnung herrscht, verborgen sein. (3.) Wenn in einem Lande Ordnung herrscht, so ist Armut und Niedrigkeit eine Schande; wenn in einem Lande Unordnung herrscht, dann ist Reichtum und Ansehen eine Schande.« VIII, 13

Der Meister sprach: »Sich das Ziel setzen im Pfad, sich klammern an die guten Naturanlagen, sich stützen auf die Sittlichkeit, sich vertraut machen mit der Kunst.« VII, 6

Der Meister sprach: »Der Gebildete richtet sein Streben auf die Wahrheit; wenn einer aber sich schlechter Kleider und schlechter Nahrung schämt, der ist noch nicht reif, um mitzureden.« IV, 9

Dsï Dschang fragte über den Pfad des »guten Menschen«. Der Meister sprach: »Er wandelt nicht in den Spuren anderer, hat auch nicht die inneren Gemächer betreten.«

Dsï Dschang fragte nach dem Wesen des Talentes im Unterschied vom Genie. Der Meister sprach: »Wer Talent hat, kann selbst etwas produzieren. Aber trotz dieser über den Durchschnitt hervorragenden Begabung trennt ihn doch noch ein weiter Abstand von dem Kreise der inneren Berufenen, die intuitiv die Wahrheit erkennen wie die heiligen Könige des Altertums, da ihm der Zusammenhang mit der Tradition und der Kulturüberlieferung fehlt.« XI, 19

Der Meister sprach: »Worte ernsten Zuredens: wer wird denen nicht zustimmen? Aber worauf es ankommt, das ist Besserung (des Lebens). Worte zarter Andeutung: wer wird die nicht freundlich anhören? Aber worauf es ankommt, das ist ihre Anwendung (auf die Praxis). Freundliches Anhören ohne Anwendung, Zustimmung ohne Besserung: was kann ich damit anfangen?« IX, 23

Dsï Dschang fragte nach (den Bedingungen des) Vorwärtskommens. Der Meister sprach: »Im Reden gewissenhaft und wahr sein, im Handeln zuverlässig und sorgfältig sein: ob man auch unter den Barbaren des Südens oder Nordens weilt, damit wird man vorwärtskommen. Wenn man aber im Reden nicht gewissenhaft und wahr ist und im Handeln nicht zuverlässig und sorgfältig: ob man auch in der nächsten Nachbarschaft bleibt: kann man damit überhaupt vorwärtskommen? Wenn man steht, so sehe man diese Dinge wie das Zweigespann vor sich, wenn man im Wagen sitzt, so sehe man sie wie die Seitenwände neben sich. Auf diese Weise wird man vorwärtskommen.« Dsï Dschang schrieb es sich auf seinen Gürtel. XV, 5

Der Meister sprach: »Wer Geist hat, hat sicher auch das (rechte) Wort, aber wer Worte hat, hat darum noch nicht notwendig Geist. Der Sittliche hat sicher auch Mut, aber der Mutige hat noch nicht notwendig Sittlichkeit.« XIV, 5

Der Meister sprach: »Nicht das soll einen bekümmern, daß man kein Amt hat, sondern das muß einen bekümmern, daß man dafür tauglich werde. Nicht das soll einen bekümmern, daß man nicht bekannt ist, sondern danach muß man trachten, daß man würdig werde, bekannt zu werden.« IV, 14

Der Meister sprach: »Wenn man selbst (lieber) zu viel tut und wenig von andern erwartet, so bleibt man fern vom Groll.« XV, 14

Der Meister sprach: »Daß Anlagen nicht gepflegt werden, daß Gelerntes nicht besprochen wird, daß man seine Pflicht kennt und nicht davon angezogen wird, daß man Ungutes an sich hat und nicht imstande ist, es zu bessern: das sind Dinge, die mir Schmerz machen.« VII, 3

Der Meister sprach: »Nur die höchststehenden Weisen und die tiefststehenden Narren sind unveränderlich.« XVII, 3

Dsï Gung fragte und sprach: »Wen seine Landsleute lieben, wie ist der?« Der Meister sprach: »Das sagt noch nichts.« »Wen seine Landsleute alle hassen, wie ist der?« Der Meister sprach: »Auch das sagt noch nichts. Besser ist's, wenn einen die Guten unter den Landsleuten lieben und die Nichtguten hassen.« XIII, 24

Der Meister sprach: »Jene ehrbaren Leute im Lande sind Räuber der Tugend.« XVII, 13

Meister Yu sprach: »Bei der Ausübung der Formen ist die (innere) Harmonie die Hauptsache. Der alten Könige Pfad ist dadurch so schön, daß sie im Kleinen und Großen sich danach richteten. Dennoch gibt es Punkte, wo es nicht geht. Die Harmonie kennen, ohne daß die Harmonie durch die Form geregelt wird: das geht auch nicht.« I, 12

Der Meister sprach: »Trifft man einen, mit dem zu reden es sich verlohnte, und redet nicht mit ihm, so hat man einen Menschen verloren. Trifft man einen, mit dem zu reden sich nicht verlohnt, und redet doch mit ihm, so hat man seine Worte verloren. Der Weise verliert weder einen Menschen noch seine Worte.« XV, 7

Der Meister sprach: »Wer kann hinausgehen, es sei denn durch die Tür; warum doch wandeln die Menschen nicht auf diesem Pfade?« VI, 15

Dsï Gung fragte, (was man tun müsse) um sittlich vollkommen zu werden. Der Meister sprach: »Ein Arbeiter, der seine Arbeit recht machen will, muß erst seine Werkzeuge schleifen. Wenn du in einem Lande wohnst, so diene dem Würdigsten unter seinen Großen und mache dir die Besten unter seinen Gelehrten zu Freunden.« XV, 9

Der Meister sprach: »Wenn du einen Würdigen siehst, so denke darauf, ihm gleich zu werden. Wenn du einen Unwürdigen siehst, so prüfe dich selbst in deinem Innern.« IV, 17

Der Meister sprach: »Sieh, was einer wirkt, schau, wovon er bestimmt wird, forsche, wo er Befriedigung findet: Wie kann ein Mensch da entwischen?« II, 10

Dsï Gung sprach: »Wenn ich hier einen schönen Nephrit habe, soll ich ihn in einen Kasten stecken und verbergen oder soll ich einen guten Kaufmann suchen und ihn verkaufen?«

Der Meister sprach: »Verkaufe ihn ja! Verkaufe ihn ja! Aber ich würde warten auf den Kaufmann.« IX, 12

Jan Kiu sprach: »Nicht daß ich des Meisters Lehre nicht liebte, aber meine Kraft reicht nicht aus dafür.« Der Meister sprach: »Wem seine Kraft nicht ausreicht, der bleibt auf halbem Wege liegen, aber du beschränkst dich ja von vornherein selber.« VI, 10

Der Meister sprach: »Wer eine umfassende Kenntnis der Literatur besitzt und sich nach den Regeln der Moral richtet, der mag es wohl erreichen, Fehltritte zu vermeiden.« XII, 15

Der Meister sprach: »Nehmt zum Vergleich einen Hügel, der fertig ist bis auf einen Korb Erde; bleibt es dabei, so bedeutet es für mich einen Stillstand. Nehmt zum Vergleich den ebenen Grund, es mag erst ein Korb Erde aufgeworfen sein; geht es weiter, so bedeutet es für mich einen Fortschritt.« IX, 18

Dsï Gung fragte: »Schï oder Schang, wer ist besser?« Der Meister sprach: »Schï geht zu weit, Schang bleibt zurück.« (Dsï Gung) sprach: »Dann ist also wohl Schï der Überlegene.« Der Meister sprach: »Zu viel ist grade so (falsch) wie zu wenig.« XI, 15

Der Meister sprach: »Auf der Straße hören und auf dem Wege reden ist die Preisgabe des Geistes.« XVII, 14

Der Meister sprach: »Jene Niederträchtigen! Wahrlich, kann man denn mit ihnen zusammen dem Fürsten dienen? Wenn sie es noch nicht erreicht haben, so leiden sie darunter, es zu erreichen; wenn sie es dann erreicht haben, so leiden sie darunter, es zu verlieren; wenn sie aber darunter leiden, daß sie es verlieren könnten, so gibt es nichts, zu was sie nicht fortschreiten würden.« XVII, 15

Der Meister sprach: »Be I und Schu Tsi gedachten nicht alter Fehler, darum blieben sie frei von Groll.« V, 22

Dsï Dschang fragte nach (dem Wesen) der Klarheit. Der Meister sprach: »Auf wen langsam durchsickernde Verleumdungen und durch die Haut dringende Klagen nicht wirken, den kann man als klar bezeichnen. Auf wen langsam durchsickernde Verleumdungen und durch die Haut dringende Klagen nicht wirken, ja, den kann man als weit (blickend) bezeichnen.« XII, 6

Der Meister sprach: »Wenn der Wille auf die Sittlichkeit gerichtet ist, so gibt es kein Böses.« IV, 4

Der Meister sprach: »Wer kraft seines Wesens herrscht, gleicht dem Nordstern. Der verweilt an seinem Ort, und alle Sterne umkreisen ihn.« II, 1

Dsï Gung fragte und sprach: »Wie muß einer sein, um ihn einen Gebildeten nennen zu können?« Der Meister sprach: »Wer in seinem persönlichen Benehmen Ehrgefühl hat und wer, entsandt in die vier Himmelsrichtungen, dem Auftrag seines Fürsten keine Schande macht, den kann man einen Gebildeten nennen.« (Dsï Gung) sprach: »Darf ich fragen, was die nächste Stufe ist?« (Der Meister) sprach: »Wen seine Verwandten gehorsam nennen und wen seine Landsleute brüderlich nennen.« (Dsï Gung) sprach: »Darf ich fragen, was die nächste Stufe ist?« (Der Meister) sprach: »Wer sein Wort unter allen Umständen hält, wer seine Arbeiten unter allen Umständen fertig macht; solche Leute mögen hartköpfige Pedanten sein, dennoch stehen sie vielleicht auf der nächsten Stufe.« (Dsï Gung) sprach: »Und zu welcher (Klasse) gehören die Regierenden von heute?« Der Meister sprach: »Ach, Männer des Scheffels und des Eimers, wie wären sie es wert, mitgezählt zu werden!« XIII, 20

Der Meister sprach: »Worte: sind sie ehrlich und wahr? Ist, der sie spricht, ein Edler? Oder ist er (nur) äußerlich anständig?« XI, 20

Der Meister sprach: »Nach außen dem Fürsten und Vorgesetzten dienen, nach innen dem Vater und älteren Bruder dienen, bei Trauerfällen gewissenhaft alle Gerechtigkeit erfüllen, (bei Festen) sich vom Wein nicht überkommen lassen: was kann ich dazu tun?« IX, 15

Dsï Gung sprach: »Arm, ohne zu schmeicheln, reich, ohne hochmütig zu sein: wie ist das?«

Der Meister sprach: »Es geht an, kommt aber noch nicht dem gleich: arm und doch fröhlich sein, reich und doch die Regeln lieben.«

Dsï Gung sprach: »Ein Lied sagt:

Erst geschnitten, dann gefeilt,
Erst gehauen, dann geglättet.

Damit ist wohl eben das gemeint?«

Der Meister sprach: »Sï, anfangen kann man, mit ihm über die Lieder zu reden. Sagt man die Folgerung, so kann er den Grund finden.« I, 15

Der Meister sprach: »Das Volk kann man dazu bringen, (dem Rechten) zu folgen, aber man kann es nicht dazu bringen, es zu verstehen.« VIII, 9

Der Meister sprach: »Wer nicht das Ferne bedenkt, dem ist Betrübnis nahe.« XV, 11

Der Meister sprach: »Die Alten sparten ihre Worte; denn sie schämten sich, mit ihrem Betragen hinter ihren Worten zurückzubleiben.« IV, 22

Der Meister sprach: »Gute Menschen machen die Schönheit eines Platzes aus. Wer die Wahl hat und nicht unter guten Menschen wohnen bleibt, wie kann der wirklich weise (genannt) werden?« IV, 1

Dsï Dschang wollte eine Lebensstellung erreichen. Der Meister sprach: »Viel hören, das Zweifelhafte beiseite lassen, vorsichtig das Übrige aussprechen, so macht man wenig Fehler. Viel sehen, das Gefährliche beiseite lassen, vorsichtig das Übrige tun, so hat man wenig zu bereuen. Im Reden wenig Fehler machen, im Tun wenig zu bereuen haben: darin liegt eine Lebensstellung.« II, 18

Es sprach jemand: »Durch Güte Unrecht zu vergelten, wie ist das?« Der Meister sprach: »Womit soll man dann Güte vergelten? Durch Geradheit vergelte man Unrecht, durch Güte vergelte man Güte.« XIV, 36

Fürst Ai erkundigte sich bei Dsai Wo über (die alten Bräuche in betreff des) Erdaltars. Dsai Wo erwiderte und sprach: »Die Herrscher aus dem Hause Hia pflanzten Föhren darum, die Leute der Yin-Dynastie Zypressen, die Leute der Dschou-Dynastie aber Zitterpappeln, wohl um die Untertanen zittern zu machen.«

Der Meister hörte es und sprach: »Über Taten, die geschehen sind, ist es umsonst zu sprechen. Bei Taten, die ihren Lauf genommen haben, ist es umsonst zu mahnen; wollen wir, was vorüber ist, nicht tadeln.« III, 21

Dsï Lu fragte, (wer ein) vollkommener Mensch (sei, und) (der Meister) sprach: »Wenn jemand das Wissen von Dsang Wu Dschung, die Selbstlosigkeit von Gung Tscho, den Mut des Herren Dschuang von Biän, die Geschicklichkeit von Jan Kiu besäße, und das alles gestaltet durch die Gesetze der Moral und Musik, der könnte doch sicher wohl für einen vollkommenen Menschen gelten.«

Der Meister sprach: »Ein vollkommener Mensch von heute, was braucht der all das? Wer angesichts des Gewinns auf Pflicht denkt, wer angesichts der Gefahr sein Leben opfert, bei alten Abmachungen die Worte seiner Jugend nicht vergißt, der kann auch für einen vollkommenen Menschen gelten.«

XIV, 13

Der Meister sagte zu Dsï Gung: »Du oder Hui, wer von euch beiden ist weiter?« Er erwiderte: »Wie könnte ich wagen, auf Hui zu blicken! Hui, wenn der Eines hört, so weiß er zehn. Wenn ich Eines höre, so weiß ich zwei.« Der Meister sprach: »Du kommst ihm nicht gleich. Ich und du, wir sind ihm darin nicht gleich.« V, 8

Der Meister sprach: »Die Pflicht als Grundlage, Anmut beim Handeln, Bescheidenheit in den Äußerungen, Treue in der Durchführung: wahrlich, so ist ein Edler!« XV, 17

Der Meister sprach: »Der Edle trachtet nach der Wahrheit, er trachtet nicht nach Speise. Beim Pflügen kann man in Not kommen; beim Lernen kann man zu Brot kommen. Der Edle trauert um der Wahrheit willen, er trauert nicht um der Armut willen.« XV, 31

Der Meister sprach: »Der Edle stellt Anforderungen an sich selbst, der Gemeine stellt Anforderungen an die (andern) Menschen.« XV, 20

Meister Kung sprach: »Der Edle hat neun Dinge, worauf er denkt: Beim Sehen denkt er auf Klarheit, beim Hören denkt er auf Deutlichkeit, in seinen Mienen denkt er auf Milde, in seinem Benehmen denkt er auf Würde, in seinen Worten denkt er auf

Wahrheit, in seinen Geschäften denkt er auf Gewissenhaftigkeit, in seinen Zweifeln denkt er an das Fragen, im Zorn denkt er an die Schwierigkeit (der Folgen), angesichts des Empfangens denkt er auf Pflicht.« XVI, 10

Der Meister sprach: »Der Edle liebt es, langsam im Wort und rasch im Tun zu sein.« IV, 24

Der Meister sprach: »Der Edle ist ruhig und gelassen, der Gemeine ist immer in Sorgen und Aufregung.« VII, 36

Dsï Gung fragte nach dem (Wesen des) Edlen. Der Meister sprach: »Erst handeln und dann mit seinen Worten sich danach richten.« II, 13

Sï Ma Niu fragte nach dem (Wesen des) Edlen. Der Meister sprach: »Der Edle ist ohne Trauer und ohne Furcht.« Er sprach: »Ohne Trauer und ohne Furcht sein: das heißt ein Edler sein?« – Der Meister sprach: »Wenn einer sich innerlich prüft und kein Übles da ist, was sollte er da traurig sein, was sollte er fürchten?« XII, 4

Der Meister sprach: »Der Edle ist erfahren in hohen (Dingen), der Gemeine ist erfahren in niedrigen (Dingen).« XIV, 24

Der Meister sprach: »Der Edle ist selbstbewußt, aber nicht streitsüchtig, umgänglich, aber macht sich nicht gemein.« XV, 21

Der Meister sprach: »Der Edle kennt keinen Streit. Oder ist es beim Bogenschießen vielleicht notwendig? Da läßt er mit einer Verbeugung dem andern den Vortritt beim Hinaufsteigen. Er steigt wieder herab und läßt ihn trinken. Er bleibt auch im Streit ein Edler.« III, 7

Meister Kung sprach: »Der Edle hütet sich vor dreierlei. In der Jugend, wenn die Lebenskräfte noch nicht gefestigt sind, hütet er sich vor der Sinnlichkeit. Wenn er das Mannesalter erreicht, wo die Lebenskräfte in voller Stärke sind, hütet er sich vor der Streitsucht. Wenn er das Greisenalter erreicht, wo die Lebenskräfte schwinden, hütet er sich vor dem Geiz.« XVI, 7

Der Meister sprach: »Der Edle ist beharrlich, aber nicht hartnäckig.« XV, 36

Sï Ma Niu war betrübt und sprach: »Alle Menschen haben Brüder, nur ich habe keinen.« Dsï Hia sprach: »Ich habe gehört: Tod und Leben haben ihre Bestimmung, Reichtum und Ansehen kommen vom Himmel. Der Edle ist sorgfältig und ohne Fehl: im Verkehr mit den Menschen ist er ehrerbietig und taktvoll: so sind innerhalb der vier Meere alle seine Brüder. Warum sollte der Edle sich bekümmern, daß er keine Brüder hat?« XII, 5

Der Meister sprach: »Der Edle hat für nichts auf der Welt eine unbedingte Voreingenommenheit oder eine unbedingte Abneigung. Das Rechte allein ist es, auf dessen Seite er steht.« IV, 10

Der Meister sprach: »Der Edle wählt nicht nach ihren Worten die Menschen und verwirft nicht nach den Menschen ihre Worte.« XV, 22

Meister Dsong sprach: »Der Edle geht in seinem Denken nicht über seine Stellung hinaus.« XIV, 28

Der Meister sprach: »Bei wem der Gehalt die Form überwiegt, der ist ungeschlacht, bei wem die Form den Gehalt überwiegt, der ist ein Schreiber. Bei wem Form und Gehalt im Gleichgewicht sind, der erst ist ein Edler.« VI, 16

Dsï Lu sprach: »Der Edle schätzt doch wohl den Mut am höchsten.« Der Meister sprach: »Der Edle setzt die Pflicht obenan. Wenn ein Vornehmer Mut besitzt ohne Pflichtgefühl, so wird er aufrührerisch. Wenn ein Geringer Mut besitzt ohne Pflichtgefühl, so wird er ein Räuber.« XVII, 23

Der Meister sprach: »Der Edle ist stolz, aber nicht hochmütig. Der Gemeine ist hochmütig, aber nicht stolz.« XIII, 26

Der Meister sprach: »Der Edle ist bewandert in der Pflicht, der Gemeine ist bewandert im Gewinn.« IV, 16

Der Meister sprach: »Der Edle ist vollkommen und nicht engherzig. Der Gemeine ist engherzig und nicht vollkommen.« II, 14

Der Meister sprach: »Der Edle befördert das Schöne der Menschen und befördert nicht das Unschöne der Menschen. Der Gemeine macht es umgekehrt.« XII, 16

Der Meister sprach: »Der Edle ist leicht zu bedienen, aber schwer zu erfreuen. (Sucht man) ihn zu erfreuen, aber nicht auf dem (rechten) Weg, so freut er sich nicht, aber in seiner Verwendung der Leute berücksichtigt er ihre Fähigkeiten. Der Gemeine ist schwer zu bedienen, aber leicht zu erfreuen. (Sucht man) ihn zu erfreuen, wenn auch nicht auf dem (rechten) Weg, so freut er sich, aber in seiner Verwendung der Leute sucht er Vollkommenheit.« XIII, 25

Der Meister sprach: »Der Edle liebt den inneren Wert, der Gemeine liebt das Irdische; der Edle liebt das Gesetz, der Gemeine sucht die Gunst.« IV, 11

Der Meister sprach: »Den Edlen kann man nicht an Kleinigkeiten erkennen, aber er kann Großes übernehmen. Der kleine Mann kann nicht Großes übernehmen, aber man kann ihn in Kleinigkeiten erkennen.« XV, 33

Der Meister sprach: »Der Edle ist friedfertig, aber macht sich nicht gemein. Der Unedle macht sich gemein, aber ist nicht friedfertig.« XIII, 23

Meister Kung sprach: »Der Edle hat eine (heilige) Scheu vor dreierlei: Er steht in Scheu vor dem Willen Gottes, er steht in Scheu vor großen Männern, er steht in Scheu vor den Worten der Heiligen (der Vorzeit). Der Gemeine kennt den Willen Gottes nicht und scheut sich nicht vor ihm, er ist frech gegen große Männer und verspottet die Worte der Heiligen.« XVI, 8

Der Meister sagte von Dsï Tschan, daß er vier Eigenschaften eines Edlen gehabt habe: In seinem persönlichen Leben war er ernst, im Dienst des Fürsten war er ehrfurchtsvoll, in der Sorge für die Nahrung des Volks zeigte er Gnade, in der Verwendung des Volks Gerechtigkeit. V, 15

Jünger Dsï Hias befragten den Dsï Dschang über den Umgang (mit Menschen). Dsï Dschang sprach: »Was sagt Dsï Hia darüber?« Sie erwiderten: »Dsï Hia sprach: ›Mit denen, die es wert sind, Gemeinschaft haben, die, die es nicht wert sind, fernhalten.‹« Dsï Dschang sprach: »Verschieden davon ist, was ich gehört. Der Edle ehrt die Würdigen und erträgt alle; er rühmt die Tüchtigen und bemitleidet die Unfähigen. Bin ich ein würdiger Charakter, was sollte ich die andern Menschen nicht ertragen können; bin ich ein unwürdiger Charakter, so werden mich die andern von sich fernhalten. Was soll da das Fernhalten der andern?« XIX, 3

Dsï Gung sprach: »Hat der Edle auch (gegen jemand einen) Haß?« Der Meister sprach: »Er hat Haß. Er haßt die, welche der Leute Übles verbreiten; er haßt die, welche in untergeordneter Stellung weilen und die Oberen verleumden; er haßt die Mutigen ohne Formen der Bildung; er haßt die, welche fest und waghalsig, aber beschränkt sind.« Er sprach: »Sï, hast du auch (Leute, die du) hassest?« (Dsï Gung sprach:) »Ich hasse die, welche spionieren und es für Weisheit ausgeben. Ich hasse die Unbescheidenen, die sich für mutig ausgeben, ich hasse die, welche (Geheimes) ausplaudern und es für Geradheit ausgeben.« XVII, 24

SITTLICHE VOLLKOMMENHEIT

Dsï Dschang fragte den Meister Kung nach (dem Wesen) der Sittlichkeit. Meister Kung sprach: »Auf dem ganzen Erdkreis fünf Dinge durchzuführen, das ist Sittlichkeit.« (Dsï Dschang sprach:) »Darf ich danach fragen?« (Meister Kung) sprach: »Würde, Weitherzigkeit, Wahrhaftigkeit, Eifer und Gütigkeit. Zeigt man Würde, so wird man nicht mißachtet; Weitherzigkeit, so gewinnt man die Menge; Wahrhaftigkeit, so vertrauen einem die Menschen; Eifer, so hat man Erfolg; Gütigkeit, so ist man fähig, die Menschen zu verwenden.« XVII, 6

Der Meister sprach: »Sittlichkeit ist noch mehr für die Menschen als Wasser und Feuer. Ins Feuer und Wasser habe ich schon Menschen treten sehen und daran sterben. Noch nie habe ich einen gesehen, der in die Sittlichkeit trat und daran starb.« XV, 34

Der Meister sprach: »Die Sittlichkeit ist jedes Menschen Pflicht. Hier darf man (sogar) dem Lehrer nicht den Vortritt lassen.« XV, 35

Der Meister sprach: »Glatte Worte und einschmeichelnde Mienen sind selten vereint mit Sittlichkeit.« I, 3 und XVII, 17

Der Meister sprach: »Mein Hui, wessen Herz drei Monate lang nicht von der Sittlichkeit abweicht, der wird dann in (seinem) übrigen (Leben) (alle) Monate und Tage sie zu erreichen vermögen.« VI, 5

Der Meister sprach: »Feste Entschlossenheit, verbunden mit einfacher Wortkargheit, steht der Sittlichkeit nahe.« XIII, 27

Fan Tschï fragte nach (dem Wesen) der Sittlichkeit. Der Meister sprach: »Wenn du (allein) weilst, sei ernst, wenn du Geschäfte besorgst, sei ehrfürchtig, wenn du mit andern verkehrst, sei gewissenhaft. Selbst wenn du zu den Barbaren des Ostens oder Nordens kommst, darfst du dieses (Betragen) nicht verlassen.« XIII, 19

Fan Tschï fragte nach (dem Wesen) der Sittlichkeit (Menschlichkeit). Der Meister sprach: »Menschenliebe.« Er fragte nach (dem Wesen) der Weisheit. Der Meister sprach: »Menschenkenntnis.« Fan Tschï begriff noch nicht; da sprach der Meister: »Dadurch, daß man die Geraden erhebt, daß sie auf die Verdrehten drücken, kann man die Verdrehten gerade machen.« Fan Tschï zog sich zurück. Er sah Dsï Hia und sprach: »Vor kurzem war ich bei dem Meister und fragte nach (dem Wesen) der Weisheit. Der Meister sprach: ›Dadurch, daß man die Geraden erhebt, daß sie auf die Verdrehten drücken, kann man die Verdrehten gerade machen.‹ Was bedeutet das?« Dsï Hia sprach: »Das ist ein reiches Wort! Schun hatte das Reich, er wählte unter allen und erhob Gau Yau, da verschwanden die Unsittlichen. Tang hatte das Reich, er wählte unter allen und erhob I Yin, da verschwanden die Unsittlichen.« XII, 22

Yän Yüan fragte nach (dem Wesen) der Sittlichkeit. Der Meister sprach: »Sich selbst überwinden und sich den Gesetzen der Schönheit zuwenden: dadurch bewirkt man Sittlichkeit. Einen Tag sich selbst überwinden und sich den Gesetzen der Schönheit zuwenden: so würde die ganze Welt sich zur Sittlichkeit kehren. Sittlichkeit zu bewirken, das hängt von uns selbst ab; oder hängt es etwa von den Menschen ab?« Yän Yüan sprach: »Darf ich um Einzelheiten davon bitten?« Der Meister sprach: »Was nicht dem Gesetz der Schönheit entspricht, darauf schaue nicht; was nicht dem Gesetz der Schönheit entspricht, darauf höre nicht; was nicht dem Schönheitsideal entspricht, davon rede nicht; was nicht dem Schönheitsideal entspricht, das tue nicht.« Yän Yüan sprach: »Obwohl meine Kraft nur schwach ist, will ich mich doch bemühen, nach diesem Wort zu handeln.« XII, 1

Dschung Gung fragte nach (dem Wesen) der Sittlichkeit. Der Meister sprach: »Trittst du zur Tür hinaus, so sei wie beim Empfang eines geehrten Gastes. Gebrauchst du das Volk, so sei wie beim Darbringen eines großen Opfers. Was du selbst nicht wünschest, das tue nicht den Menschen an. So wird es in dem Land keinen Groll (gegen dich) geben, so wird es im Hause keinen Groll (gegen dich) geben.« Dschung Gung sprach: »Obwohl meine Kraft nur schwach ist, will ich mich doch bemühen, nach diesem Wort zu handeln.« XII, 2

Sï Ma Niu fragte nach (dem Wesen) der Sittlichkeit. Der Meister sprach: »Der Sittliche ist langsam in seinen Worten.« Er antwortete: »Langsam in seinen Worten sein: das heißt Sittlichkeit?« – Der Meister antwortete: »Wer beim Handeln die Schwierigkeiten sieht: kann der in seinen Worten anders als langsam sein?« XII, 3

Der Meister sprach: »Ist denn die Sittlichkeit gar so fern? Sobald ich die Sittlichkeit wünsche, so ist diese Sittlichkeit da.« VII, 29

Der Meister sprach: »Ein Jüngling soll nach innen kindesliebend, nach außen bruderliebend sein, pünktlich und wahr, seine Liebe überfließen lassend auf alle und eng verbunden mit den Sittlichen. Wenn er so wandelt und übrige Kraft hat, so mag er sie anwenden zur Erlernung der Künste.« I, 6

Dsï Gung sprach: »Wenn einer dem Volk reiche Gnade spendete und es vermöchte, die gesamte Menschheit zu erlösen, was wäre ein solcher? Könnte man ihn sittlich nennen?« Der Meister sprach: »Nicht nur sittlich, sondern göttlich wäre der zu nennen. Selbst Yau und Schun waren sich mit Schmerzen (der Schwierigkeit davon) bewußt. Was den Sittlichen anlangt, so festigt er andere, da er selbst wünscht, gefestigt zu sein, und klärt andre auf, da er selbst wünscht, aufgeklärt zu sein. Das Nahe als Beispiel nehmen können (nach sich selbst die anderen zu beurteilen verstehn), das kann als Mittel zur Sittlichkeit bezeichnet werden.« VI, 28

Fan Tschï fragte, was Weisheit sei. Der Meister sprach: »Seiner Pflicht gegen die Menschen sich weihen, Dämonen und Götter ehren und ihnen fern bleiben, das mag man Weisheit nennen.«

Er fragte, was Sittlichkeit sei. Er sprach: »Der Sittliche setzt die Schwierigkeit voran und den Lohn hintan: das mag man Sittlichkeit nennen.« VI, 20

Der Meister sprach: »Der Wissende freut sich am Wasser, der Fromme (Sittliche) freut sich am Gebirge. Der Wissende ist bewegt, der Fromme ist ruhig; der Wissende hat viele Freuden, der Fromme hat langes Leben.« VI, 21

Es sprach jemand: »Yung ist sittlich, aber nicht redegewandt.« Der Meister sprach: »Wozu braucht's Redegewandtheit? Wer den Leuten immer mit seiner Zungenfertigkeit entgegentritt, zieht sich stets nur Abneigung von den Menschen zu. Ob er sittlich ist, weiß ich nicht, aber wozu braucht's der Redegewandtheit?« V, 4

Der Meister sprach: »Ohne Sittlichkeit kann man nicht dauernde Bedrängnis ertragen, noch kann man langen Wohlstand ertragen. Der Sittliche findet in der Sittlichkeit Frieden, der Weise achtet die Sittlichkeit für Gewinn.« IV, 2

Der Meister sprach: »Nur der Sittliche kann lieben und hassen.« IV, 3

Der Meister sprach: »Reichtum und Ehre sind es, was die Menschen wünschen; aber wenn sie einem unverdient zuteil werden, so soll man sie nicht festhalten. Armut und Niedrigkeit sind es, was die Menschen hassen; aber wenn sie einem unverdient zuteil werden, so soll man sie nicht loszuwerden suchen. Ein Edler, der von der Sittlichkeit läßt, entspricht nicht dem Begriff (des Edlen). Der Edle übertritt nicht während der Dauer einer Mahlzeit die (Gesetze der) Sittlichkeit. In Drang und Hitze bleibt er unentwegt dabei, in Sturm und Gefahr bleibt er unentwegt dabei.« IV, 5

Der Meister sprach: »Ich habe noch niemand gesehen, der das Sittliche liebt und das Unsittliche haßt. Wer das Sittliche liebt, dem geht nichts darüber. Wer das Unsittliche haßt, dessen Sittlichkeit ist so stark, daß nichts Unsittliches seiner Person sich nahen kann. Wenn einer einen Tag lang seine ganze Kraft an das Sittliche setzen will: ich habe noch keinen gesehen, dessen Kraft dazu nicht ausreichte. Vielleicht gibt es auch solche, aber ich habe noch keinen gesehen.« IV, 6

Der Meister sprach: »Die Überschreitungen eines jeden Menschen entsprechen seiner Wesensart. Dadurch, daß man seine Überschreitungen sieht, kann man einen Menschen erkennen.« IV, 7

Dsï Dschang fragte und sprach: »Der Kanzler Dsï Wen wurde dreimal in das Amt des Kanzlers (von Tschu) berufen, ohne sich darüber erfreut zu zeigen. Er wurde dreimal abgesetzt, ohne sich darüber mißvergnügt zu zeigen. Außerdem machte er sich zur Pflicht, seinen Nachfolger in das Amt einzuführen. Wie ist er zu beurteilen?« Der Meister sprach: »Er war gewissenhaft.« Auf die Frage, ob er als sittlicher Charakter bezeichnet werden könnte, sagte er: »Ich weiß es nicht, ob er sittlich genannt werden kann.« (Der Schüler fuhr fort:) »Als der General Tsui seinen Herrn, den Fürsten von Tsi, ermordete, da ließ der edle Tschen Wen, obwohl er 10 Viergespanne besaß, seine Habe im Stich und wanderte aus. Er kam in ein anderes Land, da sprach er: ›Hier sind sie geradeso wie unser General Tsui‹, und wanderte aus. Er kam noch in ein Land und sprach abermals: ›Hier sind sie geradeso wie unser General Tsui‹, und wanderte aus. Wie ist er zu beurteilen?« Der Meister sprach: »Er war rein.« Auf die Frage, ob er als sittlicher Charakter bezeichnet werden könne, sagte er: »Ich weiß es nicht, ob er sittlich genannt werden kann.« V, 18

Dsai Wo fragte und sprach: »Wenn ein sittlich guter Mensch auch nur sagen hörte, es sei ein sittlicher Mensch im Brunnen, so würde er wohl sofort nachspringen.« Der Meister sprach: »Wozu denn das? Ein Edler würde hingehen, aber nicht hineinspringen. Man kann ihn belügen, aber nicht zum Narren haben.« VI, 24

STAAT UND REGIERUNG

Dsï Lu fragte nach (dem Wesen) der Regierung. Der Meister sprach: »(Dem Volk) vorangehen und es ermutigen.« Er bat um weiteres. (Der Meister) sprach: »Nicht müde werden.« XIII, 1

Freiherr Gi Kang fragte den Meister Kung nach (dem Wesen) der Regierung. Meister Kung sprach: »Regieren heißt recht machen. Wenn Eure Hoheit die Führung übernimmt im Rechtsein, wer sollte es wagen, nicht recht zu sein?« XII, 17

Dschung Gung war Hausbeamter der Familie Gi und fragte nach (dem Wesen) der Regierung. Der Meister sprach: »Habe an erster Stelle die zuständigen Beamten, verzeih kleine Fehler, wähle Leute von Charakter und Talent.« Er sprach: »Wie weiß ich, welche (Leute) Charakter und Talent haben, daß ich sie wähle?« (Der Meister) sprach: »Wähle die, so du weißt. Die, so du nicht weißt: werden die Menschen auf sie verzichten?« XIII, 2

Fan Tschï bat um Belehrung über den Ackerbau. Der Meister sprach: »(In diesem Stück) bin ich nicht so (bewandert) wie ein alter Bauer.« Darauf bat er um Belehrung über den Gartenbau. (Der Meister) sprach: »Darin bin ich nicht so bewandert wie ein alter Gärtner.« Fan Tschï ging hinaus. Da sprach der Meister: »Ein beschränkter Mensch ist er doch, dieser Fan Sü. Wenn die Oberen die Ordnung hochhalten, so wird das Volk nie wagen, unehrerbietig zu sein. Wenn die Oberen die Gerechtigkeit hochhalten, so wird das Volk nie wagen, widerspenstig zu sein. Wenn die Oberen die Wahrhaftigkeit hochhalten, so wird das Volk nie wagen, unaufrichtig zu sein. Wenn es aber so steht, so werden die Leute aus allen vier Himmelsrichtungen mit ihren Kindern auf dem Rücken herbeikommen. Was braucht man dazu die Lehre vom Ackerbau!« XIII, 4

Der Meister fuhr durch We. Jan Yu lenkte (den Wagen). Der Meister sprach: »Wie zahlreich ist (das Volk)!« Jan Yu sprach: »Wenn es so zahlreich ist, was könnte man noch hinzufügen?« (Der Meister) sprach: »Es wohlhabend machen.« (Jan Yu) sprach: »Und wenn es wohlhabend ist, was kann man noch hinzufügen?« (Der Meister) sprach: »Es bilden.«

XIII, 9

Der Meister sprach: »Wer sich selbst regiert, was sollte der (für Schwierigkeiten) haben, bei der Regierung tätig zu sein? Wer sich selbst nicht regieren kann, was geht den das Regieren von andern an?« XIII, 13

Der Meister sprach: »Wer selbst recht ist, braucht nicht zu befehlen: und es geht. Wer selbst nicht recht ist, der mag befehlen: doch wird nicht gehorcht.« XIII, 6

Fürst Ai fragte den Yu Jo und sprach: »Dies Jahr ist Teuerung, die Bedürfnisse lassen sich nicht decken. Was ist zu tun?« Yu Jo entgegnete und sprach: »Warum nicht den allgemeinen Zehnten durchführen?« (Der Fürst) sprach: »Mit zwei Zehnten habe ich noch immer nicht genug. Was soll man da mit dem einfachen Zehnten anfangen?« Er entgegnete und sprach: »Wenn die Untertanen genug haben, von wem bekäme der Fürst nicht genug? Wenn die Untertanen nicht genug haben, von wem bekäme der Fürst genug?« XII, 9

Hiän fragte, (was) Schande (sei). Der Meister sprach: »Ist ein Land auf rechter Bahn, (so habe man sein) Einkommen. Ist ein Land nicht auf rechter Bahn (und man genießt dennoch ein amtliches) Einkommen: das ist Schande.« XIV, 1

Der Fürst von Schä fragte nach dem Wesen der Regierung. Der Meister sprach: »Wenn die Nahen erfreut werden und die Fernen herankommen.« XIII, 16

Dsï Hia war Beamter von Gü Fu und fragte nach der (rechten Art der) Regierung. Der Meister sprach: »Man darf keine raschen (Erfolge) wünschen und darf nicht auf kleine Vorteile sehen. Wenn man rasche Erfolge wünscht, so (erreicht man) nichts Gründliches; wenn man auf kleine Vorteile aus ist, so bringt man kein großes Werk zustande.« XIII, 17

Der Meister sprach: »Verschwendung führt zu Unbotmäßigkeit. Sparsamkeit führt zu Ärmlichkeit. Aber immer noch besser als Unbotmäßigkeit ist die Ärmlichkeit.« VII, 35

Freiherr Gi Kang war in Sorge wegen des Räuberunwesens und fragte den Meister Kung. Meister Kung entgegnete: »Wenn Eure Hoheit es nicht wünscht, so wird, ob selbst Belohnung darauf gesetzt würde, niemand rauben.« XII, 18

Fürst Ding fragte: »Mit einem Wort des Staates Blüte befassen: kann man das?« Meister Kung erwiderte: »Ein Wort kann so weit nicht reichen. Doch gibt es ein Wort der Leute: ›Herrscher sein ist schwer, Kanzler sein nicht leicht.‹ Wenn man die Schwierigkeit des Herrscherberufs kennt, ist dann nicht ein Wort nahe daran, des Staates Blüte zu befassen?« (Fürst Ding) sprach: »Mit einem Wort des Staates Untergang befassen: kann man das?« Meister Kung erwiderte: »Ein Wort kann so weit nicht reichen. Doch gibt es ein Wort der Leute: ›Es freut mich nicht, ein Fürst zu sein, außer wenn in seinen Worten mir niemand widerspricht.‹ Wenn er tüchtig ist und niemand ihm widerspricht: dann ist es ja auch ganz gut; wenn er (aber) nicht tüchtig ist und niemand ihm widerspricht: ist dann nicht ein Wort nahe daran, des Staates Untergang zu befassen?« XIII, 15

Freiherr Gi Kang fragte den Meister Kung nach (dem Wesen) der Regierung und sprach: »Wenn man die Übertreter tötet, um denen, die auf rechtem Wege wandeln, zu helfen: wie wäre das?« Meister Kung entgegnete und sprach: »Wenn Eure Hoheit die Regierung ausübt, was bedarf es dazu des Tötens?

Wenn Eure Hoheit das Gute wünscht, so wird das Volk gut. Das Wesen des Herrschers ist der Wind, das Wesen der Geringen ist das Gras. Das Gras, wenn der Wind darüber hinfährt, muß sich beugen.« XII, 19

Der Fürst Ging von Tsi fragte den Meister Kung über die Regierung. Meister Kung sprach: »Der Fürst sei Fürst, der Diener sei Diener; der Vater sei Vater, der Sohn sei Sohn.« Der Fürst sprach: »Gut fürwahr! Denn wahrlich, wenn der Fürst nicht Fürst ist und der Diener nicht Diener; der Vater nicht Vater und der Sohn nicht Sohn: obwohl ich mein Einkommen habe, kann ich dessen dann genießen?« XII, 11

Dsï Dschang fragte nach (dem Wesen) der Staatsregierung. Der Meister sprach: »Unermüdlich dabei sein und gewissenhaft handeln.« XII, 14

Dsï Gung fragte nach (der rechten Art) der Regierung. Der Meister sprach: »Für genügende Nahrung, für genügende Militärmacht und für das Vertrauen des Volkes (zu seinem Herrscher) sorgen.« Dsï Gung sprach: »Wenn man aber keine Wahl hätte, als etwas davon aufzugeben: auf welches von den drei Dingen könnte man am ehesten verzichten?« (Der Meister) sprach: »Auf die Militärmacht.« Dsï Gung sprach: »Wenn man aber keine Wahl hätte, als auch davon eines aufzugeben: auf welches der beiden Dinge könnte man am ehesten verzichten?« (Der Meister) sprach: »Auf die Nahrung. Von alters her müssen alle sterben; wenn aber das Volk keinen Glauben hat, so läßt sich keine (Regierung) aufrichten.« XII, 7

Der Meister sprach: »Wer durch Ausübung der Moral seinen Staat regiert, was (für Schwierigkeiten) könnte der haben? Wer aber nicht durch Ausübung der Moral den Staat regiert, was nützt dem die Moral?« IV, 13

Fürst Ding fragte, wie ein Fürst seine Beamten behandeln und wie die Beamten ihrem Fürsten dienen sollen. Meister Kung entgegnete und sprach: »Der Fürst behandle den Beamten, wie es die Sitte verlangt, der Beamte diene dem Fürsten, wie es sein Gewissen verlangt.« III, 19

Der Meister sprach: »Wenn einer die Schönheit der Talente des Fürsten Dschou hat, aber bei ihrer Anwendung hochfahrend und knickerig ist, so ist das übrige keines Blickes wert.« VIII, 11

Der Meister sprach: »Wenn man durch Erlasse leitet und durch Strafen ordnet, so weicht das Volk aus und hat kein Gewissen. Wenn man durch Kraft des Wesens leitet und durch Sitte ordnet, so hat das Volk Gewissen und erreicht (das Gute).« II, 3

Dsï Dschang befragte den Meister Kung und sprach: »Wie muß man handeln, damit man imstande sei, (gut) zu regieren?« Der Meister sprach: »Achte die fünf schönen (Eigenschaften) hoch und beseitige die vier üblen, dann bist du imstande, (gut) zu regieren.« Dsï Dschang fragte: »Welche (Eigenschaften) heißen die fünf schönen?« Der Meister sprach: »Der Herrscher ist gnädig, ohne Aufwand zu machen; er bemüht (das Volk), ohne daß es murrt; er begehrt, ohne gierig zu sein; er ist erhaben, ohne hochmütig zu sein; er ist ehrfurchtgebietend, ohne heftig zu sein.« Dsï Dschang fragte: »Was heißt das, gnädig sein, ohne Aufwand zu machen?« Der Meister sprach: »Wenn man die (natürlichen Quellen) des Reichtums der Untertanen benützt, um sie zu bereichern: ist das denn nicht Gnade ohne Aufwand? Wenn man vorsichtig auswählt, (womit man das Volk gerechterweise) bemühen darf, und es dann (entsprechend) bemüht: wer wird da murren? Wenn man Sittlichkeit begehrt und Sittlichkeit erreicht, wie wäre das gierig? Wenn der Herrscher ohne Rücksicht, ob (er es mit) vielen oder wenigen, ohne Rücksicht, (ob er es mit) Großen oder Kleinen (zu tun hat), nicht wagt, (die Menschen) geringschätzig zu behandeln: ist das denn nicht erhaben, ohne hochmütig zu sein? Wenn der Herrscher seine Kleidung und Kopfbedeckung ordnet, auf seine Mienen und Blicke achtet, daß er eine Hoheit (zeigt), so daß die Menschen, die ihn sehen, sich scheuen: ist das denn nicht ehrfurchtgebietend, ohne heftig zu sein?« Dsï Dschang sprach: »Welche (Eigenschaften) heißen die vier üblen?« Der Meister sprach: »Ohne (vorherige) Belehrung zu töten: das heißt Grausamkeit; ohne (vorherige) Warnung (die auferlegten Arbeiten) fertig sehen (zu wollen): das heißt Gewalttätigkeit; nachlässige Befehle erteilen und (doch) auf Einhaltung der Zeit (bei der Ausführung dringen): das heißt Unrecht; und schließlich: wenn man (Belohnungen) an (verdiente) Leute gewährt, bei ihrer Verteilung zu geizen: das heißt Kleinlichkeit.«

XX, 2

Dsï Lu sprach: »Der Fürst von We wartet auf den Meister, um die Regierung auszuüben. Was würde der Meister zuerst in Angriff nehmen?« Der Meister sprach: »Sicherlich die Richtigstellung der Begriffe.« Dsï Lu sprach: »*Darum* sollte es sich handeln? Da hat der Meister weit gefehlt! Warum denn deren Richtigstellung?« Der Meister sprach: »Wie roh du bist, Yu! Der Edle läßt das, was er nicht versteht, sozusagen beiseite. Wenn die Begriffe nicht richtig sind, so stimmen die Worte nicht; stimmen die Worte nicht, so kommen die Werke nicht zustande; kommen die Werke nicht zustande, so gedeiht Moral und Kunst nicht; gedeiht Moral und Kunst nicht, so treffen die Strafen nicht; treffen die Strafen nicht, so weiß das Volk nicht, wohin Hand und Fuß setzen. Darum sorge der Edle, daß er seine Begriffe unter allen Umständen zu Worte bringen kann und seine Worte unter allen Umständen zu Taten machen kann. Der Edle duldet nicht, daß in seinen Worten irgend etwas in Unordnung ist. Das ist es, worauf alles ankommt.« XIII, 3

Der Meister sprach: »Ehrerbietung ohne Form wird Kriecherei, Vorsicht ohne Form wird Furchtsamkeit, Mut ohne Form wird Auflehnung, Aufrichtigkeit ohne Form wird Grobheit. Wenn der Fürst seine Verwandten hochhält, so wird das Volk sich entwickeln zur Sittlichkeit; wenn er seine alten Freunde nicht vernachlässigt, so wird das Volk nicht niedriggesinnt.« VIII, 2

Fürst Ai fragte und sprach: »Was ist zu tun, damit das Volk fügsam wird?« Meister Kung entgegnete und sprach: »Die Geraden erheben, daß sie auf die

Verdrehten drücken: so fügt sich das Volk. Die Verdrehten erheben, daß sie auf die Geraden drücken so fügt sich das Volk nicht.« II, 19

Freiherr Gi Kang fragte: »Das Volk zur Ehrfurcht und Treue zu bringen durch Ermahnungen: was ist davon zu halten?« Der Meister sprach: »Sich (zum Volk) herablassen mit Würde: dadurch bekommt (das Volk) Ehrfurcht; kindliche Ehrfurcht und Menschenliebe (zeigen): dadurch wird es treu. Die Guten erhöhen und die Unfähigen belehren: so wird das Volk ermahnt.« II, 20

Der Meister sprach: »(Wenn einer) durch sein Wissen (ein Amt) erreicht hat, aber es nicht durch seine Sittlichkeit bewahren kann, so wird er es, obwohl er es erlangt hat, verlieren. Wenn einer durch sein Wissen es erreicht hat, durch seine Sittlichkeit es bewahren kann, aber bei seiner Ausübung keine Würde zeigt, so wird das Volk ihn nicht ehren. Wenn einer durch sein Wissen es erreicht hat, durch seine Sittlichkeit es bewahren kann, bei seiner Ausübung Würde zeigt, aber es nicht entsprechend dem Gesetz der schönen Form bewegt, so ist er noch nicht tüchtig.« XV, 32

Der Meister sprach: »Wenn das Land auf rechter Bahn ist, (mag man) kühn in seinen Worten sein und kühn in seinen Taten. Wenn das Land nicht auf rechter Bahn ist, (soll man) kühn in seinen Taten sein, aber vorsichtig in seinen Worten.« XIV, 4

Meister Yu sprach: »Daß jemand, der als Mensch pietätvoll und gehorsam ist, doch es liebt, seinen Oberen zu widerstreben, ist selten. Daß jemand, der es nicht liebt, seinen Oberen zu widerstreben, Aufruhr macht, ist noch nie dagewesen. Der Edle pflegt die Wurzel; steht die Wurzel fest, so wächst der Weg. Pietät und Gehorsam: das sind die Wurzeln des Menschentums.« I, 2

Der Meister sprach: »Bei der Leitung eines Staates von 1000 Kriegswagen muß man die Geschäfte achten und wahr sein, sparsam verbrauchen und die Menschen lieben, das Volk benutzen entsprechend der Zeit.« I, 5

Der Meister sprach: »Wer nicht das Amt dazu hat, der kümmere sich nicht um die Regierung.«
VIII, 14

Der Meister sagte von dem Prinzen Ging von We, daß er gut hauszuhalten verstehe: »Als er anfing, etwas zu haben, sprach er: ›Wenn ich's nur beisammenhalte!‹ Als er etwas mehr hatte, sprach er: ›Wenn es nur für alles reicht.‹ Als er reichlich hatte, sprach er: ›Wenn es nur schön verwandt wird!‹«
XIII, 8

Der Meister sprach: »Wenn einer Mut liebt und die Armut haßt, so macht er Aufruhr; wenn ein Mensch nicht sittlich ist, und man haßt ihn zu sehr, so macht er Aufruhr.« VIII, 10

Der Meister sprach: »Wenn man heutzutage im Dienst des Fürsten alle Gerechtigkeit erfüllt, so halten es die Leute für Schmeichelei.« III, 18

Dsï Lu fragte, wie man dem Fürsten diene. Der Meister sprach: »Ihn nicht betrügen und ihm widerstehen.« XIV, 23

Der Meister sprach: »Im Dienst des Fürsten soll man sein Werk wichtig nehmen und sein Einkommen hintansetzen.« XV, 37

FREUNDSCHAFT

Dsi Gung fragte nach (dem Wesen) der Freundschaft. Der Meister sprach: »Man soll sich gewissenhaft ermahnen und geschickt (zum Guten) führen. Wenn es nicht geht, so halte man inne. Man muß sich nicht selbst der Beschämung aussetzen.« XII, 23

Meister Kung sprach: »Es gibt dreierlei Freunde, die von Nutzen sind, und dreierlei Freunde, die von Übel sind. Freundschaft mit Aufrichtigen, Freundschaft mit Beständigen, Freundschaft mit Erfahrenen ist von Nutzen. Freundschaft mit Speichelleckern, Freundschaft mit Duckmäusern, Freundschaft mit Schwätzern ist von Übel.« XVI, 4

Meister Dsong sprach: »Der Edle begegnet seinen Freunden durch die Kunst und fördert durch seine Freunde seine Sittlichkeit.« XII, 24

Der Meister sprach: »Innerer Wert bleibt nicht verlassen; er findet sicher Nachbarschaft.« IV, 25

Dsï Yu sprach: »Im Dienst des Fürsten bringen lästige Vorwürfe Ungnade. Zwischen Freunden führen lästige Vorwürfe zu Entfremdung.« IV, 26

Der Meister sprach: »Yän Ping Dschung versteht es, mit Menschen umzugehen. Auch nach jahrelangem Verkehr genießt er noch die Hochachtung der Leute.« V, 16

Wenn ein Freund gestorben war, der keine Angehörigen hatte, so sprach er: »Überlaßt es mir, ihn zu begraben.« Wenn ein Freund ihm etwas schenkte, und waren es selbst Pferde und Wagen: wenn es nicht Opferfleisch war, so machte er keine Verbeugung. X, 15

KINDESPFLICHT

Der Freiherr Mong Wu fragte nach (dem Wesen) der Kindespflicht. Der Meister sprach: »Man soll den Eltern außer durch Erkrankung keinen Kummer machen.« II, 6

Der Meister sprach: »Die Jahre der Eltern darf man nie vergessen: erstens, um sich darüber zu freuen, zweitens, um sich darüber zu sorgen.« IV, 21

Der Meister sprach: »Den Eltern dienend darf man ihnen in zarter Weise Vorstellungen machen. Wenn man aber sieht, daß sie nicht gewillt sind, darauf zu hören, so soll man fortfahren, ehrerbietig sich zu fügen, und auch die schwersten Anstrengungen ohne Murren tragen.« IV, 18

Der Meister sprach: »Solange die Eltern leben, soll man nicht in die Ferne ziehen. Und wenn man nach auswärts geht, so soll man einen bestimmten Wohnort wählen.« IV, 19

Der Meister sprach: »Ist der Vater am Leben, so schaue auf seinen Willen. Ist der Vater nicht mehr, so schaue auf seinen Wandel. Drei Jahre lang nicht ändern des Vaters Weg: das kann kindesliebend heißen.« I, 11

Der Freiherr Mong I fragte nach (dem Wesen) der Kindespflicht. Der Meister sprach: »Nicht übertreten.« Als Fan Tschï hernach seinen Wagen lenkte, erzählte es ihm der Meister und sprach: »Freiherr Mong I befragte mich über die Kindespflicht, und ich sprach: ›Nicht übertreten.‹« Fan Tschï sprach: »Was heißt das?« Der Meister sprach: »Sind die Eltern am Leben, ihnen dienen, wie es sich ziemt, nach ihrem Tod sie beerdigen, wie es sich ziemt, und ihnen opfern, wie es sich ziemt.« II, 5

Dsï Yu fragte nach (dem Wesen) der Kindespflicht. Der Meister sprach: »Heutzutage kindesliebend sein, das heißt (seine Eltern) ernähren können. Aber Ernährung können alle Wesen bis auf Hunde und Pferde herunter haben. Ohne Ehrerbietung: Was ist da für ein Unterschied?« II, 7

Dsï Hia fragte nach (dem Wesen) der Kindespflicht. Der Meister sprach: »Der Gesichtsausdruck ist schwierig. Wenn Arbeit da ist und die Jugend ihre Mühen auf sich nimmt; wenn Essen und Trinken da ist, den Älteren den Vortritt lassen: kann man denn das schon für kindesliebend halten?« II, 8

BILDUNG UND LERNEN

(Lernen und sich bilden bedeutet nicht die Anhäufung bloßen Wissens, sondern die Ausbildung der Persönlichkeit, die charakterliche Vervollkommnung in den Tugenden.)

Der Meister sprach: »Lerne, als hättest du's nicht erreicht, und dennoch fürchtend, es zu verlieren.«

VIII, 17

Der Meister sprach: »Yu, hast du die sechs Worte und die sechs Verdunkelungen gehört?« (Dsï Lu) erwiderte und sprach: »Noch nicht.« (Der Meister sprach:) »Setze dich, ich werde sie dir sagen: Sittlichkeit lieben, ohne das Lernen zu lieben: diese Verdunkelung führt zur Torheit; Weisheit lieben, ohne das Lernen zu lieben: diese Verdunkelung führt zu Ziellosigkeit; Wahrhaftigkeit lieben, ohne das Lernen zu lieben: diese Verdunkelung führt zu Beschädigung; die Geradheit lieben, ohne das Lernen zu lieben: diese Verdunkelung führt zu Grobheit; den Mut lieben, ohne das Lernen zu lieben: diese Verdunkelung führt zu Unordnung; die

Festigkeit lieben, ohne das Lernen zu lieben: diese Verdunkelung führt zu Sonderlichkeit.« XVII, 8

Der Meister sprach: »Lernen und fortwährend üben: ist das denn nicht auch befriedigend? Freunde haben, die aus fernen Gegenden kommen: ist das nicht auch fröhlich? Wenn die Menschen einen nicht erkennen, doch nicht murren: ist das nicht auch edel?« I, 1

Der Meister sprach: »Ist der Edle nicht gesetzt, so scheut man ihn nicht. Was das Lernen betrifft, so sei nicht beschränkt. Halte dich eng an die Gewissenhaften und Treuen. Mache Treu und Glauben zur Hauptsache. Habe keinen Freund, der dir nicht gleich ist. Hast du Fehler, scheue dich nicht, sie zu verbessern.« I, 8

Der Meister sprach: »Ein Edler, der beim Essen nicht nach Sättigung fragt, beim Wohnen nicht nach Bequemlichkeit fragt, eifrig im Tun und vorsichtig im Reden, sich denen, die Grundsätze haben, naht, um sich zu bessern, der kann ein das Lernen Liebender genannt werden.« I, 14

Der Meister sagte zu Dsï Hia und sprach: »Sei du als Edler ein Gelehrter und nicht als Gemeiner ein Gelehrter.« VI, 11

Der Meister sprach: »Manche können mit uns gemeinsam lernen, aber nicht gemeinsam mit uns die Wahrheit erreichen. Manche können mit uns gemeinsam die Wahrheit erreichen, aber nicht gemeinsam mit uns sich festigen. Manche können gemeinsam mit uns sich festigen, aber nicht gemeinsam mit uns (die Ereignisse) abwägen.« IX, 29

Der Meister sprach: »Wenn ich selbdritt gehe, so habe ich sicher einen Lehrer. Ich suche ihr Gutes heraus und folge ihm, ihr Nichtgutes und verbessere es.« VII, 21

Der Meister sprach: »Lernen und nicht denken ist nichtig. Denken und nicht lernen ist ermüdend.« II, 15

Dsï Gung fragte und sprach: »Weshalb ist Kung Wen Dsï der ›Weise‹ (Wen) genannt worden?« Der Meister sprach: »Er war rasch (von Begriff) und liebte zu lernen; er schämte sich nicht, Niedrige zu fragen; das ist der Grund, warum er der ›Weise‹ genannt wird.« V, 14

Meister Kung sprach: »Bei der Geburt schon Wissen zu haben, das ist die höchste Stufe. Durch Lernen Wissen zu erwerben, das ist die nächste Stufe. Schwierigkeiten haben und doch zu lernen, das ist die übernächste Stufe. Schwierigkeiten haben und nicht lernen: das ist die unterste Stufe des gemeinen Volks.« XVI, 9

Der Meister sprach: »Yu, soll ich dich das Wissen lehren? Was man weiß, als Wissen gelten lassen, was man nicht weiß, als Nichtwissen gelten lassen: das ist Wissen.« II, 17

Der Fürst Ai fragte, wer unter den Jüngern das Lernen liebe. Meister Kung entgegnete und sprach: »Da war Yän Hui: er liebte das Lernen. Er übertrug nie seinen Ärger, er machte keinen Fehler zum zweitenmal. Zum Unglück war seine Zeit kurz und er ist gestorben. Nun habe ich keinen mehr (wie ihn). Ich habe von keinem mehr gehört, der so das Lernen liebte.« VI, 2

Der Meister sprach: »Der Wissende ist noch nicht so weit wie der Forschende, der Forschende ist noch nicht so weit wie der heiter (Erkennende).«
VI, 18

Der Meister sprach: »Ein Gebildeter, der es liebt, (zu Hause) zu bleiben, ist nicht wert, für einen Gebildeten zu gelten.« XIV, 3

Dsï Dschang fragte: »Wie muß ein Gebildeter sein, um durchdringend zu heißen?« Der Meister sprach: »Was verstehst du denn unter durchdringend?« Dsï Dschang erwiderte: »In der Öffentlichkeit berühmt sein und zu Hause berühmt sein.« Der Meister sprach: »Das ist Berühmtheit, nicht Durchdringen. Ein bedeutender Mann ist seinem Wesen nach gerade und liebt Gerechtigkeit. Er prüft die Worte und durchschaut die Mienen. Er ist ängstlich darauf aus, sich zu demütigen vor den Menschen. Ein solcher ist in der Öffentlichkeit durchdringend und zu Hause durchdringend. Ein berühmter Mann aber hält sich im Äußeren an die Sittlichkeit, aber übertritt sie in seinem Handeln. Er verharrt (in seinem Selbstbewußtsein) ohne Bedenken. Ein solcher ist in der Öffentlichkeit berühmt und zu Hause berühmt.« XII, 20

Der Meister sprach: »Wer über dem Durchschnitt steht, dem kann man die höchsten Dinge sagen. Wer unter dem Durchschnitt steht, dem kann man nicht die höchsten Dinge sagen.« VI, 19

Dsï Hia sprach: »Wer die Würdigen würdigt, so daß er sein Betragen ändert, wer Vater und Mutter dient, so daß er dabei seine ganze Kraft aufbietet, wer dem Fürsten dient, so daß er seine Person drangibt, wer im Verkehr mit Freunden so redet, daß er zu seinem Worte steht: Wenn es von einem solchen heißt, er habe noch keine Bildung, so glaube ich doch fest, daß er Bildung hat.« I, 7

Dsï Lu fragte und sprach: »Wie muß einer sein, um ihn einen Gebildeten nennen zu können?« Der Meister sprach: »Einer, der solide, gründlich und freundlich ist, den kann man einen Gebildeten nennen. Als Freund solide und gründlich, als Bruder freundlich.« XIII, 28

Dsï Lu fragte nach dem (Wesen des) Edlen. Der Meister sprach: »Er bildet sich selbst aus (sittlichem) Ernst.« (Dsï Lu) sprach: »Ist es damit schon fertig?« (Der Meister) sprach: »Er bildet sich selbst, um andern Frieden zu geben.« (Dsï Lu) sprach: »Ist es damit schon fertig?« (Der Meister) sprach: »Er bildet sich selbst, um den hundert Namen Frieden zu geben. Sich selbst bilden, um den hundert Namen Frieden zu geben: selbst Yau und Schun machte das noch Schwierigkeiten.« XIV, 45

Der Meister sprach: »Drei Jahre lernen, ohne nach Brot zu gehen, das ist nicht leicht zu erreichen.«
VIII, 12

Der Meister sprach: »Meine Kinder, warum lernt ihr nicht die Lieder? Die Lieder sind geeignet, um anzuregen; geeignet, um zu beobachten; geeignet, um zu vereinigen; geeignet, um den Groll zu wekken; in der Nähe dem Vater zu dienen, in der Ferne dem Fürsten zu dienen; man lernt (außerdem) viele Namen von Vögeln und Tieren, Kräutern und Bäumen kennen.« XVII, 9

Meister Dsong sprach: »Ein Lernender kann nicht sein ohne großes Herz und starken Willen; denn seine Last ist schwer, sein Weg ist weit. Die Sittlichkeit, die ist seine Last: ist sie nicht schwer? Im Tode erst ist er am Ziel: ist das nicht weit?« VIII, 7

GLAUBE

Der Meister sprach: »Ein Mensch ohne Glauben: ich weiß nicht, was mit einem solchen zu machen ist. Ein großer Wagen ohne Joch, ein kleiner Wagen ohne Kummet, wie kann man den voranbringen?«
II, 22

Der Meister sprach: »Gott hat den Geist in mir gezeugt: was kann Huan Tui mir tun?« VII, 22

Als der Meister in Kuang gefährdet war, sprach er: »Da König Wen nicht mehr ist, ist doch die Kultur mir anvertraut? Wenn der Himmel diese Kultur vernichten wollte, so hätte ein spätgeborner Sterblicher sie nicht überkommen. Wenn aber der Himmel diese Kultur nicht vernichten will: was können dann die Leute von Kuang mir anhaben?« IX, 5

Der Meister sprach: »Andern Geistern als den eigenen (Ahnen) zu dienen, ist Schmeichelei. Die Pflicht sehen und nicht tun, ist Mangel an Mut.«
II, 24

Wang Sun Gia fragte und sprach: »Was ist der Sinn des Sprichworts: Man macht sich eher an den Herdgeist als an den Geist des inneren Hauses?« Der Meister sprach: »Nicht also; sondern wer gegen den Himmel sündigt, hat niemand, zu dem er beten kann.« III, 13

Der Meister sprach: »Es gibt keinen, der mich kennt!« Dsï Gung sprach: »Was heißt das, daß niemand den Meister kenne?« Der Meister sprach: »Ich murre nicht wider Gott und grolle nicht den Menschen. Ich forsche hier unten, aber ich dringe durch nach oben. Wer mich kennt, das ist Gott.«
XIV, 37

Er opferte (den Ahnen) als in ihrer Gegenwart. Er opferte den Göttern als in ihrer Gegenwart. Der Meister sprach: »Wenn ich bei der Darbringung meines Opfers nicht anwesend bin, so ist es, als habe ich gar nicht geopfert.« III, 12

Der Meister sprach: »Nicht wahr, Schen, meine ganze Lehre ist in Einem befaßt.« Meister Dsong sprach: »Ja.« Als der Meister hinaus war, fragten seine Schüler und sprachen: »Was bedeutet das?« Meister Dsong sprach: »Unsres Meisters Lehre ist Treue gegen sich selbst und Gütigkeit gegen andre: darin ist alles befaßt.« IV, 15

Der Meister sprach: »Ich war fünfzehn, und mein Wille stand aufs Lernen, mit dreißig stand ich fest, mit vierzig hatte ich keine Zweifel mehr, mit fünfzig war mir das Gesetz des Himmels kund, mit sechzig war mein Ohr aufgetan, mit siebzig konnte ich meines Herzens Wünschen folgen, ohne das Maß zu übertreten.« II, 4

Der Meister war in seinem Wesen mild und doch würdevoll. Er war ehrfurchtgebietend und doch nicht heftig. Er war ehrerbietig und doch selbstbewußt. VII, 37

Was der Meister mit besonderer Sorgfalt besprach, waren die Lieder, die Geschichte, das Halten der Riten. Das alles besprach er mit Sorgfalt. VII, 17

Der Fürst von Schä fragte den Dsï Lu über Kung Dsï. Dsï Lu gab ihm keine Antwort. Der Meister sagte (nachher): »Warum hast du nicht einfach gesagt: Er ist ein Mensch, der in seinem Eifer (um die Wahrheit) das Essen vergißt und in seiner Freude (am Erkennen) alle Trauer vergißt und nicht merkt, wie das Alter herankommt.« VII, 18

Der Meister stand an einem Fluß und sprach: »So fließt alles dahin wie dieser Fluß ohne Aufhalten Tag und Nacht!« IX, 16

Der Meister war frei von vier Dingen: Er hatte keine Meinungen, keine Voreingenommenheit, keinen Starrsinn, keine Selbstsucht. IX, 4

Der Meister sprach: »Das Alte üben und das Neue kennen: dann kann man als Lehrer gelten.« II, 11

Der Meister sprach: »Zugreifend und doch nicht gradeaus, unwissend und doch nicht aufmerksam, einfältig und doch nicht gläubig: mit solchen Menschen weiß ich nichts anzufangen.« VIII, 16

Der Meister sprach: »Einen Gottmenschen zu sehen, ist mir nicht vergönnt; wenn es mir vergönnt wäre, einen Edlen zu sehen, dann wäre es schon gut. Einen guten Menschen zu sehen, ist mir nicht vergönnt; wenn es mir vergönnt wäre, einen Beharrlichen zu sehen, wäre es schon gut. Aber nicht haben und tun, als habe man, leer sein und tun, als sei man voll, in Verlegenheit sein und tun, als lebe man herrlich und in Freuden: auf diese Weise ist es schwer, beharrlich zu sein.« VII, 25

Der Meister sprach: »Hervorragende Stellung ohne Großartigkeit, Religionsübung ohne Ehrfurcht, Erledigung der Beerdigungsbräuche ohne Herzenstrauer: solche Zustände kann ich nicht mit ansehen.« III, 26

Der Meister sprach: »Ich bin nicht geboren mit der Kenntnis (der Wahrheit); ich liebe das Altertum und bin ernst im Streben (nach ihr).« VII, 19

Der Meister sprach: »Ich habe noch keinen gesehen, der moralischen Wert liebt ebenso, wie er die Frauenschönheit liebt.« IX, 17

Der Fürst von Schä redete mit Meister Kung und sprach: »Bei uns zulande gibt es ehrliche Menschen. Wenn jemandes Vater ein Schaf entwendet hat, so legt der Sohn Zeugnis ab (gegen ihn).« Meister Kung sprach: »Bei uns zulande sind die Ehrlichen verschieden davon. Der Vater deckt den Sohn und der Sohn deckt den Vater. Darin liegt auch Ehrlichkeit.« XIII, 18

Der Meister sprach: »Was die literarische Ausbildung anlangt, kann ich es durch Anstrengung wohl andern gleichtun. Aber (die Stufe) eines Edlen, der in seiner Person (seine Überzeugungen) in Handeln umsetzt, habe ich noch nicht erreicht.« VII, 32

Der Meister lehrte vier Gegenstände: die Kunst, den Wandel, die Gewissenhaftigkeit, die Treue. VII, 24

Der Meister sprach: »Meine Kinder, ihr denkt, ich habe Geheimnisse? Ich habe keine Geheimnisse vor euch. Mein ganzer Wandel liegt offen für euch, meine Kinder. So ist es meine Art.« VII, 23

Der Meister sprach: »Was Genialität und Sittlichkeit anlangt: wie könnte ich wagen (darauf Anspruch zu machen); nur, daß ich ohne Überdruß danach strebe und andre lehre, ohne müde zu werden: das mag wohl vielleicht gesagt werden.« Gung Si Hua sprach: »Ganz recht; das eben können wir Jünger nicht lernen.« VII, 33

Dsai Yü verweilte am hellen Tage in seinem Schlafzimmer. Der Meister sprach: »Faules Holz kann man nicht schnitzen. Eine Wand aus schlechtem Lehm läßt sich nicht streichen. Dieser Yü da! Was soll man ihm überhaupt noch Vorwürfe machen!« Der Meister sprach: »Früher stand ich so zu den Menschen: Wenn ich ihre Worte hörte, so glaubte ich an ihre Taten. Jetzt stehe ich so zu den Menschen: Ich höre ihre Worte, und dann sehe ich nach ihren Taten. Durch Yü kam ich dazu, diese Änderung vorzunehmen.« V, 9

Dsï Lu fragte, ob er (die Lehren), die er gehört, sofort in die Tat umsetzen solle. Der Meister sprach: »Du hast doch noch Vater und Bruder (auf die du Rücksicht nehmen mußt). Wie kannst du da alles Gehörte sofort ausführen?«

Jan Yu fragte (ebenfalls), ob er (die Lehren), die er gehört, sofort in die Tat umsetzen solle. Der Meister sprach: »Ja, hast du etwas gehört, so handle auch danach.«

Gung Si Hua (hatte beides mit angehört und) sprach: »Yu fragte, ob er das Gehörte sofort ausführen solle. Da sprach der Meister: ›Du hast doch noch Vater und Bruder.‹ Kiu fragte, ob er das Gehörte sofort ausführen solle. Da sprach der Meister: ›Hast du etwas gehört, so handle auch danach.‹ Ich bin deshalb im Unklaren und erlaube mir, um Aufschluß zu bitten.« Der Meister sprach: »Kiu ist zögernd, deshalb muß man ihn antreiben; Yu hat einen Überschuß an Tatendrang, deshalb muß man ihn zurückhalten.« XI, 21

Dsï Gung sprach: »Was ich nicht mag, daß die Leute mir zufügen, das mag ich auch ihnen nicht zufügen.« Der Meister sprach: »Mein Sï, diese Stufe hast du noch nicht erreicht.« V, 11

Als Yän Yüan gestorben war, bat Yän Lu um des Meisters Wagen, um dafür einen Sarkophag zu beschaffen. Der Meister sprach: »Begabt oder unbegabt: jedem steht doch sein Sohn am nächsten. Als (mein Sohn) Li starb, hatte er einen Sarg, aber keinen Sarkophag; ich kann nicht zu Fuß gehen, um einen Sarkophag zu kaufen. Nachdem ich ein öffentliches Amt bekleidet habe, geht es nicht an, daß ich zu Fuß gehe.« XI, 7

Der Meister sprach niemals über Zauberkräfte und widernatürliche Dämonen. VII, 20

Der Meister sprach: »Beim Bogenschießen kommt es nicht darauf an, durch die Scheibe durchzuschießen, weil die Körperkraft der Menschen verschieden ist. So hielt man's wenigstens in alter Zeit.«

III, 16

Die Umstände, bei denen der Meister besondere Vorsicht übte, waren Fasten, Krieg und Krankheit.

VII, 12

Der Meister sprach: »In einem Dorf von zehn Familien gibt es sicher Leute, die an Gewissenhaftigkeit und Wahrhaftigkeit mir gleich sind; warum sollten sie nicht auch in der Liebe zum Lernen mir gleich sein?« V, 27

Der Meister sagte zu Yän Hui und sprach: »Wenn gebraucht, zu wirken, wenn entlassen, sich zu verbergen: nur ich und du verstehen das.« Dsï Lu sprach: »Wenn der Meister drei Heere zu führen hätte, wen würde er dann mit sich nehmen?« Der Meister sprach: »Wenn einer mit der bloßen Faust einem Tiger zu Leibe rückt, über den Fluß setzt ohne Boot und den Tod sucht ohne Besinnung: einen solchen würde ich nicht mit mir nehmen, sondern es müßte einer sein, der, wenn er eine Sache unternimmt, besorgt ist, der gerne überlegt und etwas zustande bringt.« VII, 10

Als Yän Hui starb, brach der Meister in heftiges Weinen aus. (Die Schüler in) seiner Umgebung sagten: »Der Meister ist zu heftig.« Der Meister sprach: »Klage ich zu heftig? Wenn ich um diesen Mann nicht bitterlich weine, um wen sollte ich es dann tun?« XI, 9

Der Meister sprach: »Schweigen und so erkennen, forschen und nicht überdrüssig werden, die Menschen belehren und nicht ermüden: was kann ich dazu tun?« VII, 2

Der Meister sprach: »Ich hätte (geheimes) Wissen? Ich habe kein (geheimes) Wissen. Wenn ein ganz gewöhnlicher Mensch mich fragt, ganz wie leer, so lege ich es von einem Ende zum andern dar und erschöpfe es.« IX, 7

Der Meister sprach: »Sï, du hältst mich wohl für einen, der Vieles gelernt hat und es auswendig kann?« Er erwiderte und sprach: »Ja, ist es nicht so?« (Der Meister) sprach: »Es ist nicht so; ich habe Eines, um (alles) zu durchdringen.« XV, 2

Der Meister sprach: »Im Anhören von Klagesachen bin ich nicht besser als irgendein anderer. Woran mir aber alles liegt, das ist, zu bewirken, daß gar keine Klagesachen entstehen.« XII, 13

Worüber der Meister selten sprach, war: der Lohn, der Wille Gottes, die Sittlichkeit. IX, 1

Wenn der Meister mit einem Mann zusammen war, der sang und es gut machte, so ließ er ihn sicher wiederholen und sang das zweitemal selber mit. VII, 31

Der Meister sprach: »Von denen an, die ein Päckchen Dörrfleisch anbrachten, habe ich noch nie einen von meiner Belehrung ausgeschlossen.« VII, 7

Der Meister sprach: »Ich möchte lieber nichts reden.« Dsï Gung sprach: »Wenn der Meister nicht redet, was haben dann wir Schüler aufzuzeichnen?« Der Meister sprach: »Wahrlich, redet etwa der Himmel? Die vier Zeiten gehen (ihren Gang), alle Dinge werden erzeugt. Wahrlich, redet etwa der Himmel?« XVII, 19

Der Meister sprach: »Wer nicht strebend sich bemüht, dem helfe ich nicht voran, wer nicht nach dem Ausdruck ringt, dem eröffne ich ihn nicht. Wenn ich eine Ecke zeige, und er kann es nicht auf die andern drei übertragen, so wiederhole ich nicht.« VII, 8

Der Meister sprach: »Wenn mir noch einige Jahre vergönnt wären, daß ich das Buch des Wandels fertigstudieren könnte, so möchte ich wohl wenigstens grobe Verfehlungen zu vermeiden imstande sein.« VII, 16

Der Meister sprach: »Gewöhnliche Speise zur Nahrung, Wasser als Trank und den gebogenen Arm als Kissen: auch dabei kann man fröhlich sein; aber ungerechter Reichtum und Ehren dazu sind für mich nur flüchtige Wolken.« VII, 15

Der Meister sprach: »Wenn ich keine (Leute) finde, die in der Mitte wandeln, um mit ihnen zu sein, so will ich wenigstens (Leute) von Enthusiasmus und Entschiedenheit. Die Enthusiasten schreiten fort und sind aufnahmefähig. Die Entschiedenen haben Grenzen, die sie nicht überschreiten.« XIII, 21

Der Meister sprach: »Glatte Worte, einschmeichelnde Mienen, übertriebene Höflichkeit – solcher Dinge schämte sich Dso Kiu Ming, ich schäme mich ihrer auch. Seinen Ärger verhehlen und mit seinem Feinde freundlich tun – dessen schämte sich Dso Kiu Ming, ich schäme mich dessen auch.« V, 24

Gung-Schan-Fu-Jau hatte (die Stadt) Bi besetzt und berief (den Meister). Der Meister war geneigt, zu gehen. Dsï Lu war (darüber) unwillig und sprach: »Wenn man kein Unterkommen findet, so stehe man (von der öffentlichen Wirksamkeit) ab, aber warum denn zu diesem Gung-Schan gehen!« Der Meister sprach: »Daß er grade mich beruft, wie sollte das zufällig sein? Wenn jemand mich braucht, kann ich dann nicht ein östliches Dschou-Reich gründen?« XVII, 5

Bi Hi berief (den Meister). Der Meister war geneigt, hinzugehen. Dsï Lu sprach: »Einst habe ich vom Meister gehört: ›Wer in seinem persönlichen Betragen nicht gut ist, mit dem läßt sich der Edle nicht ein.‹ Bi Hi hat Dschung Mou im Aufruhr besetzt; wenn (nun) der Meister hingeht: was soll das?« Der Meister sprach: »Ja, ich habe das gesagt; aber heißt es nicht auch: ›Was wirklich fest ist, mag gerieben werden, ohne daß es abgenutzt wird‹? Heißt es nicht: ›Was wirklich weiß ist, kann auch in eine dunkle Flüssigkeit getaucht werden, ohne daß es schwarz wird‹? Wahrlich, bin ich denn ein Kürbis, den man nur aufhängen kann, aber nicht essen?«

XVII, 7

Der Meister, wenn er an der Seite eines Mannes in Trauer aß, aß sich nicht satt. Wenn der Meister an einem Tage geweint hatte, so sang er an demselben Tage nicht. VII, 9

Wenn der Meister jemand in Trauer sah, jemand im Hofgewand oder einen Blinden, so stand er bei ihrem Anblick auf, auch wenn sie jünger waren; mußte er an ihnen vorbei, so tat er es mit raschen Schritten. IX, 9

Der Meister sprach: »Wenn der Reichtum (vernünftigerweise) erjagt werden könnte, so würde ich es auch tun, und sollte ich mit der Peitsche in der Hand dienen; da man ihn aber nicht erjagen kann, so folge ich meinen Neigungen.« VII, 11

Der Meister sprach: »Beschreiben und nicht machen, treu sein und das Altertum lieben: darin wage ich mich mit unserem alten Pong zu vergleichen.« VII, 1

Dsï Gung (pflegte) die Menschen (untereinander) zu vergleichen. Der Meister sprach: »Sï muß ja wahrlich sehr würdig sein! Ich habe zu so etwas keine Zeit.« XIV, 31

Der Meister sprach: »Wecken durch die Lieder, festigen durch die Formen, vollenden durch die Musik.« VIII, 8

Als der Meister in Tsi sich mit der Schau-Musik beschäftigte, da vergaß er drei Monate lang den Geschmack des Fleisches. Er sprach: »Ich hätte nicht gedacht, daß die Musik eine solche Höhe erreichen könne.« VII, 13

Der Meister sprach von der Schau-Musik: »Sie erreicht die höchste Klangschönheit und ist auch in ihrem technischen Aufbau vollkommen.« Von der Wu-Musik sagte er: »Sie steht an Klangschönheit ebenso hoch, aber ist in ihrer Form nicht so vollkommen.« III, 25

Der Meister redete mit dem Musikmeister von Lu über Musik und sprach: »Man kann wissen, wie ein Musikstück ausgeführt werden muß. Beim Beginn muß es zusammenklingen. Bei der Durchführung müssen in harmonischer Weise die einzelnen Themen herausgehoben werden in fließendem Zusammenhang bis zum Ende.« III, 23

Dsï Kin fragte den Dsï Gung und sprach: »Wenn der Meister in irgendein Land kommt, so erfährt er sicher seine Regierungsart: Bittet er oder wird es ihm entgegengebracht?« Dsï Gung sprach: »Der Meister ist milde, einfach, ehrerbietig, mäßig und nachgiebig: dadurch erreicht er es. Des Meisters Art zu bitten: ist sie nicht verschieden von anderer Menschen Art zu bitten?« I, 10

Es redete jemand zu Meister Kung und sprach: »Weshalb beteiligt sich der Meister nicht an der Leitung (des Staates)?« Der Meister sprach: »Wie steht im ›Buch‹ von der Kindespflicht geschrieben? Kindliche Ehrfurcht und Freundlichkeit gegen die Brüder, das muß man halten, um Leitung zu üben. Das heißt also auch Leitung ausüben. Warum soll denn nur das (amtliche Wirken) Leitung heißen?«

II, 21

Der Meister sprach: »Nicht kümmere ich mich, daß die Menschen mich nicht kennen. Ich kümmere mich, daß ich die Menschen nicht kenne.« I, 16

Der Meister sprach: »Mit Weibern und Knechten ist doch am schwersten auszukommen! Tritt man ihnen nahe, so werden sie unbescheiden. Hält man sich fern, so werden sie unzufrieden.« XVII, 25

Dsï Lu, Dsong Si, Jan Yu und Gung Si Hua saßen (mit dem Meister) zusammen. Da sprach der Meister: »Obwohl ich ein paar Tage älter bin als ihr, so nehmet mich nicht so. Ihr sagt immer: ›Man kennt uns nicht.‹ Wenn euch nun ein (Herrscher) kennen würde (und verwenden wollte), was würdet ihr dann tun?« Dsï Lu fuhr sogleich heraus: »Wenn es ein Reich von tausend Streitwagen gäbe, das eingeklemmt wäre zwischen mächtigen (Nachbar-)Staaten, das außerdem von großen Heeren bedrängt wäre und überdies unter Mangel an Brot und Gemüsen litte: wenn ich es zu regieren hätte, so wollte ich es in drei Jahren soweit gebracht haben, daß (das Volk) Mut hat und seine Pflicht kennt.« Der Meister lächelte. »Und Kiu, was sagst du?« (Jan Kiu) antwortete: »Ein Gebiet von 60 bis 70 Meilen im Geviert, oder sagen wir 50 bis 60 Geviertmeilen: wenn ich das zu regieren hätte, so getraute ich mir wenigstens, es in drei Jahren soweit zu bringen, daß das Volk genug zu leben hat. Was die Pflege der Kultur und Kunst betrifft, die muß ich einem besseren Manne nach mir überlassen.« »Und Tschï, was sagst du?« (Gung Si Hua) antwortete: »Ich sage nicht, daß ich es schon kann, aber lernen möchte ich es: im kaiserlichen Ahnentempel und bei kaiserlichen Audienzen im Festgewand und Barett wenigstens als niedriger Gehilfe zu dienen, das ist mein Wunsch.« »Diän, was sagst du?« Dsong Si verlangsamte sein Lautenspiel, ließ die Laute verklingen und legte sie beiseite. Dann stand er auf und sprach: »Ach, (meine Wünsche) sind verschieden von den Plänen dieser drei Freunde.« Der Meister sprach: »Was schadet es? Ein jeder soll seines Herzens Wünsche aussprechen.« Da sagte er: »Ich möchte im Spätfrühling, wenn wir die leichteren Frühlingskleider tragen, mit fünf oder sechs erwachsenen Freunden und ein paar Knaben im Fluß baden und im heiligen Hain des Lufthauchs

Kühlung genießen. Dann würden wir ein Lied zusammen singen und heimwärts ziehen.« Der Meister seufzte und sprach: »Ich halte es mit Diän.« Die drei andern Jünger gingen hinaus, nur Dsong Si blieb zurück. Dsong Si sprach: »Was bedeuten die Worte der drei Jünger?« Der Meister sprach: »Es sprach eben jeder seines Herzens Wünsche aus, nichts weiter.« »Und warum lächelte der Meister über Dsï Lu?« – »Um ein Reich zu regieren, braucht es Takt. Seine Worte aber waren nicht bescheiden, darum lächelte ich über ihn.« »Dann hat also Jan Kiu nicht von der Regierung eines Staates gesprochen?« – »Gewiß; denn wo gäbe es ein Gebiet von 60 bis 70 oder 50 bis 60 Meilen im Geviert, das nicht ein Staat wäre?« »Und hat Gung Si Hua nicht auch von einem Staat gesprochen?« – »Gewiß; denn im kaiserlichen Ahnentempel und bei kaiserlichen Audienzen – wer hat außer den Landesfürsten dabei etwas zu tun? (Er sagte zwar bescheidenerweise nur, daß er als niedriger Gehilfe dabei dienen wolle, aber) wenn ein Mann wie Tschï niedriger Gehilfe ist, wer sollte dann der Leiter sein?« XI, 25

Beim Essen verschmähte er es nicht, auf Reinigung (des Reises zu halten), beim Hackfleisch verschmähte er es nicht, auf Feinheit (zu halten). Reis, der verdorben war und schlecht, Fisch, der alt, und Fleisch, das nicht mehr frisch war, aß er nicht. Was eine schlechte Farbe hatte, aß er nicht. Was einen schlechten Geruch hatte, aß er nicht. Was nicht richtig gekocht war, aß er nicht. Was nicht der Zeit entsprach, aß er nicht. Was nicht richtig geschlachtet war oder nicht die richtige Sauce hatte, aß er nicht. Wenn das Fleisch auch viel war, ließ er es nicht den Geschmack des Reises verdecken. Nur im Weintrinken legte er sich keine Beschränkung auf, doch ließ er sich nicht von ihm verwirren. Gekauften Wein und Dörrfleisch vom Markt genoß er nicht. Er hatte stets Ingwer beim Essen. Er aß nicht viel. Wenn er beim fürstlichen Opfer anwesend war, behielt er (den ihm zugewiesenen Anteil an) Fleisch nicht über Nacht. Opferfleisch ließ er nicht länger als drei Tage liegen. Was über drei Tage alt war, das wurde nicht gegessen. Beim Essen diskutierte er nicht. Im Bett redete er nicht. Wenn er auch nur einfachen Reis und Gemüsesuppe und Gurken hatte, so brachte er doch ehrfurchtsvoll ein Speiseopfer dar. X, 8

Jan Yu sprach: »Ob der Meister für den Fürsten von We ist?« Dsï Gung sprach: »Gut, ich werde ihn fragen.« Darauf ging er hinein und sprach: »Was waren Be I und Schu Tsi für Menschen?« (Der Meister) sprach: »Es waren Würdige des Altertums.« (Der Schüler) fragte weiter: »(Waren sie mit ihrem Los) unzufrieden?« (Der Meister) sprach: »Sie erstrebten

Sittlichkeit und erlangten sie. Was (hätten sie) unzufrieden (sein sollen)?« Der Schüler ging hinaus und sprach: »Der Meister ist nicht für ihn.« VII, 14

Der Meister sprach: »Die Wahrheit hat keinen Erfolg. Ich muß wohl ein Floß besteigen und über die See fahren. Wenn mich einer dabei begleitet, so ist es wohl Yu.« Dsï Lu hörte es und freute sich. Der Meister sprach: »Yu ist wohl mutiger als ich, aber es fehlt ihm die Überlegung, um das Material für das Floß zu beschaffen.« V, 6

Der Meister sprach: »Es ist alles aus! Ich habe noch keinen gesehen, der seine eignen Fehler sehen und innerlich sich selbst verklagen könnte.« V, 26

Der Grenzwart von I bat (beim Meister) eingeführt zu werden, (indem) er sprach: »Wenn ein großer Mann hier durchkommt, wurde es mir noch nie versagt, ihn zu sehen.« Darauf wurde er eingeführt. Als er herauskam, sprach er: »Meine Freunde, was seid ihr traurig, als wäre alles aus? Die Welt war lange ohne Wort Gottes; nun gebraucht der Himmel euren Meister als Glocke.« III, 24

Gi Lu fragte über das Wesen des Dienstes der Geister. Der Meister sprach: »Wenn man noch nicht den Menschen dienen kann, wie sollte man den Geistern dienen können!« (Dsï Lu fuhr fort:) »Darf ich wagen, nach dem (Wesen) des Todes zu fragen?« (Der Meister) sprach: »Wenn man noch nicht das Leben kennt, wie sollte man den Tod kennen?«
XI, 11

Der Meister war auf den Tod krank. Dsï Lu traf Veranstaltungen, daß die Jünger (beim Todesfall und beim Begräbnis) als Minister funktionieren sollten. Als die Krankheit etwas nachließ, sprach (der Meister): »Immer macht der Yu unaufrichtige Geschichten! Keine Minister zu haben, und tun, als hätte ich welche: wen wollen wir denn damit betrügen? Wollen wir etwa den Himmel betrügen? Und (meint ihr denn, ich möchte) in den Händen von Ministern sterben und nicht vielmehr in den Armen meiner getreuen Jünger? Und wenn ich auch kein fürstliches Begräbnis bekomme, so sterbe ich ja doch auch nicht auf der Landstraße.« IX, 11